영적 현상학으로 해석하는 영분별 이야기

영적 현상학으로 해석하는 영분별 이야기

발행일   2021년 5월 31일

지은이   윤선희
펴낸이   손형국
펴낸곳   (주)북랩
편집인   선일영   편집   정두철, 윤성아, 배진용, 김현아, 박준
디자인   이현수, 한수희, 김윤주, 허지혜   제작   박기성, 황동현, 구성우, 권태련
마케팅   김회란, 박진관
출판등록   2004. 12. 1(제2012-000051호)
주소   서울특별시 금천구 가산디지털 1로 168, 우림라이온스밸리 B동 B113~114호, C동 B101호
홈페이지   www.book.co.kr
전화번호   (02)2026-5777   팩스   (02)2026-5747

ISBN   979-11-6539-807-1 03200 (종이책)   979-11-6539-808-8 05200 (전자책)

(주)북랩 성공출판의 파트너

북랩 홈페이지와 패밀리 사이트에서 다양한 출판 솔루션을 만나 보세요!

홈페이지 book.co.kr • **블로그** blog.naver.com/essaybook • **출판문의** book@book.co.kr

작가 연락처 문의 ▸ ask.book.co.kr

작가 연락처는 개인정보이므로 북랩에서 알려드릴 수 없습니다.

영적 현상학으로
해석하는
영분별 이야기

윤선희 지음

북랩 book Lab

2021년 현재 한국 교회 안에는 기독교 역사상 가장 심각한 미혹이 활동하고 있습니다. 미혹의 세력들은 지도자의 위치에 서서 기독교 교회의 상당수를 장악하여 기독교와 성도를 파괴하고 있습니다.

　　뜻있는 목사님들이, 교회 안에 들어온 미혹 집단의 정체를 밝히는 수고를 하고 계십니다. 저도 그 일에 조금이나마 힘이 되고자 『영적 현상학으로 해석하는 영분별 이야기』를 발간합니다. 기독교 안에서 활동하는 미혹이 어떤 모습으로 암약하며 교회와 성도를 장악하는지, 그 사례들을 통해 미혹의 포인트를 밝히는 데 최선을 다했습니다.

제가 책에서 하는 주장들이 전부 절대적으로 옳다고 생각하지 않습니다. 다만 제가 보는 관점도 말하고 싶고 전하고 싶었습니다.

막상 책을 내면서 돌아보니, 여러모로 부족한 점이 많았습니다. 하지만 그것을 통감하면서 첫출발하였다는 것으로 위로를 삼습니다. 더 깊은 공부와 영적 지식을 연구해야 할 것으로, 다음을 기약해 봅니다.

하나님께 감사를 드립니다.

목차

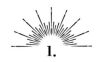

1.
기독교 안에 숨은 이방종교와 무속과 마법 찾기

인간은 육체적 연약함과 생명의 유한성으로 인해 항상 불안함과 두려움 속에 사는 존재다. 그러므로 인간은 탄생 이래 불안한 실존 앞에 복을 구하고 재앙을 면하고자 하는 영적 갈망을 가져 왔을 것이다. 인간은 그 갈망을 실현하기 위해, 인간보다 초월적 힘을 가진 존재로 여겨지는 영들을 삶에 끌어들이기 시작하였다. 그것이 종교의 시작이다.

즉, 인간이 영들을 삶에 끌어들여 관계를 맺고, 접촉하는 방법을 알아내어 영들의 힘으로 복을 구하고 재앙을 막으려고 한 것이 인간의 영적 삶의 시작이다. 인간 삶에 영들을 끌어들이는 방법에 따라, 그 영적 형태를 종교, 샤머니즘, 마법·주술로 나눌 수 있다.

이것을 세 가지로 나누어 설명하면 다음과 같다.

첫째는, 인간이 복을 구하고 재앙을 막기 위해 신격화한 영에게 예물을 들고 나아가 그 영에게 제사를 드리고 경배하며 자기의 신으로 모시겠다고 자발적으로 순종하는 것이다. 그것이 '이방종교'다.

둘째는, 인간이 영을 부릴 수 있다고 믿는, '무당'으로 통칭되는 영매적 인간에게 돈을 주고 영매적 인간의 힘을 빌리는 것이다. 영들을 부려 자신의 복을 구하고 재앙을 막게 해 달라고 의뢰하면, 영매적 인간이 의뢰한 사람에게 돈을 받고 그의 요구에 합당하게 비방을 사용하여 영들을 조종하고 협박하고 달래어 의뢰한 인간의 문제를 해결해 주려고 하는 것이 '샤머니즘'이다.

셋째는, 인간 스스로가 자신의 소원이 담긴 생각을 하고 믿음의 힘으로 상상하는 것이다. 그리고 그것을 이룬 것처럼 말하고 이루어진 것처럼 행동하여 영들을 조종하고 협박하고 달래어, 자신의 삶에 원하는 복을 가져오고 재앙을 면하게 하는 것이다. 그것이 '마법' 혹은 '주술'이다.

인간은 이러한 세 가지 종류의 영적 행위를 통해 영들과 끊임없이 관계를 맺고 접촉하며 자신의 삶을 살아가고 있다. 그것이 바로 인간의 실존이다.

다시 한번 정리하면, 종교든 샤머니즘이든 마법·주술이든, 인간이 주체가 되어 인간의 길흉화복을 위해 영들을 조종하고 부리고 협박하고 달래어 복을 끌어오고 화를 면하고자 하는 점에서는 모두 같다는 것이다.

다만 차이가 있다면, 각각 이러한 특징이 있다. 먼저 이방종교는 인간이 신격화한 영들에게 자신을 굴종시켜 복을 빌고, 화를 면하고자 예물을 올리고, 자기의 신으로 섬기는 자발적 행위를 하는 것이다. 샤머니즘은 영매라는 인간 존재를 통하여 영들을 조종하고 협박하고 달래어 복을 구하고 화를 면하고자 하는 것이다. 마법·주술은 사람 자신이 주체가 되어 생각, 상상, 말 그리고 행동이라는 수단을 이용하고, 인간 자신이 영적 도구가 되어 영들을 조종하고 협박하고 달래며 복을 구하고 화를 면하고자 하는 것이다.

그런데 이 세 가지 종류의 영적 행위에는 공통된 특징이 있다. 인간이 영에게 복을 빌고 재앙을 면키 위해 비방을 사용하고 돈을 사용하지만, 영들과 인격적 관계 혹은 영들이 요구하는 윤리적, 언약적 관계는 전혀 없다는 것이다. 그저 인간은 영에게 돈 바치고 제사 바치고 예물 바치고, 대신 영에게 자신이 원하는 복을 받아내고 재앙만 면하면 그만이다.

세 가지 영적 행위의 공통된 특징은 또 있다. 영들로부터 복을 받고 재앙을 면하려고 하지만, 실상은 인간의 삶 속에 수많은 영들을 접촉하고 끌어들임으로 인해 영들로부터 결국 복을 빼앗기고 재앙만 받게 되는 것이 실상이라는 점이다.

그러므로 만약 그러한 행위들이 기독교 안에서 일어난다면 그것은 기독교 안에서 행해지는 이방종교적 행태이며, 샤머니즘이며, 마법·주술이 될 수 있다는 '영분별'이 이제는 되어야 한다.

즉, 기독교 안에서도 하나님의 뜻과 말씀대로 살려고 하지 않고, 오직 복을 받고 재앙을 면하기 위해 예배드리고 헌금하면서 하나님을 믿는다고 하는 신앙 행위를 하고 있다면 그것은 교회 안에서 이방종교적 신앙 행위를 하고 있는 것이라고 바로 분별을 할 수 있다.

그리고 기독교 안에서 자칭 영적 능력을 가졌다는 특정 목사들이 있으며, 그들의 집회에서 하나님의 임재를 구하며 그 목사 안에 있다는 하나님의 능력을 전이받고자 하는 성도들도 있다. 그런 경우 목사는 안수를 하고, 성도는 안수를 받으며 임파테이션(Impartation)을 통해 복을 받고 재앙을 면하고자 하며 기사와 이적을 꿈꾼다면, 그것은 기독교 안에서 난무하는 샤머니즘적 행태라고 분별하면 된다. 예를 들면 일부 목사님들의 안수와 임파테이션과 기름부음 사역이 그것이라고 생각해 볼 수 있다.

또한 기독교 안에서 일부 교회들이 성도들에게, 믿음을 통해 자신이 원하는 것을 간절히 생각하고, 생생하게 그리고, 이미 이루어진 것처럼 말하고, 이미 얻은 것처럼 행동하라고 가르친다. 그러면 하나님이 그러한 성도의 믿음과 생각, 말과 행동에 응답하시고 성도의 기도에 응답하신다고 가르치고 있다. 그것은 교회 안에서 마법을 가르치고 있는 것이나 다름없으며, 성도가 그것을 하고 있다면 마법을 하고 있는 것이나 다름없는 것이다.

오늘날 교회 안에서 성도들에게 원하는 소망을 생각하고, 믿음의 힘으로 생생하게 그리고, 이미 이루어진 것처럼 말하고, 이미 얻은 것처럼 응답이 올 때까지 꾸준히 행하면 하나님이 응답해 주신다고 가르치는 모든 것들의 영적 실체는 목회자가 의도한 것은 아니겠지만 그것이 마법적 가르침일 수 있다는 생각을 해야 한다. 그리고 성도 역시 자신이 하는 그러한 신앙 행위가 마법을 행하는 것일 수 있다는 경각심을 분명히 가져야 한다.

인간이 하나님과의 인격적 관계도 알지 못하고 하나님의 의지와 뜻을 따르지 않으면서, 오직 돈과 예물을 들고 나아가 하나님께 복을 받고 재앙을 면하고자 신앙생활을 하는 경우가 있다. 그러면 하나님은 오히려 그들이 하는 온전치 못한 신앙 행위를 회개하길 원하실 것이며, 또한 영매적 목사가 쓰는 사술에 조종당하거나 협박 당하거나 그들의 쓰는 비방에 굴복하여 그들이 원하는 것을 해 주는 하나님이 아니시다.

또한 하나님은 인간의 생각, 상상, 말, 행동에 조종당하거나 협박 당하여 인간이 원하는 믿음대로, 생각대로, 상상대로, 말대로, 행동대로 그대로 해 주시는 하나님은 더욱더 아니시다.

하나님은 하나님의 뜻대로 인간과 세상의 역사를 주관하시는 주권적 하나님이시며, 인간과 언약을 통해 역사하는 언약의 하나님이시며, 하나님의 자녀를 예수님의 피로 속죄하시고 구원하시어 영생을 주시며, 하나님의 뜻을 인간과 세상을 통해 이루신다.

그래서 기독교는 하나님을 이용하여 복을 구하고 재앙을 면하는 종교가 아니다. 오직 하나님의 목적이 주권적으로 역사해 인간을 통하여 하나님의 뜻을 이루며, 동시에 인간과 언약적 관계로서 예수님 구원의 은혜로 영생을 주시는 생명의 종교인 것이다.

성도가 세상에 살아갈 때 고난과 어려움이 없을 수 없다. 하지만 하나님은 성도의 헌금, 예배, 기도 혹은 목사의 영적 행위 혹은 성도의 생각, 상상, 말, 행동에 따라 성도의 고난과 어려움을 없애 주시지는 않는다.

그 대신 하나님은, 성도들이 고난과 어려움이 있는 삶 속에서도 그것을 감당하며 살아 내고 하나님 자녀답게 연단되어 온전함에 이를 수 있도록, 성령으로 거듭나는 길로 인도하신다. 그것이 진정한 하나님의 길이고 축복이며 하나님이 이끄시는 길인 것이다.

따라서 성도의 기도는 성령으로 거듭나는 삶을 살아갈 수 있도록, 그래서 좋은 땅이 되어 하나님 자녀로서 열매 맺는 삶을 살아갈 수 있도록 해 달라고 하는 것이 온전한 기도가 되는 것이다.

그것이 참된 기독교인들의 삶의 모습일 것이며, 하나님이 택하신 자들의 실존일 것이며, 그러한 자들이 하나님께 복 받은 자들일 것이다. 그들은 영생을 얻을 것이며, 그들은 현세의 삶에서 인간적 어려움은 있지만 하나님의 책임지심으로 보호받으며 살아갈 것이다. 그것이 그들의 결국이다.

반면 기독교의 정의에서 벗어나, 기독교 안에서 하나님의 능력으로 오직 복을 받고 재앙을 면하고자 하는 신앙만 한다면, 그것은 교회 안에서 이방종교의 신을 믿고 있는 것이다. 또한 영권을 가졌다는 특정한 목사나 사역자를 통해 하나님을 이용하여 신자가 복을 구하고 재앙을 면하려고 한다면, 그것은 기독교 안에 무속적 행위를 하고 있는 것이다. 또한 인간이 자신이 원하는 것을 생각하고 상상하고 이루어진 것처럼 말하고 행동하면 하나님께서 그것에 응답하신다고 하는 것은, 기독교 안에서 마법·주술을 하고 있는 것이다.

그러나 그러한 행위는 자신의 삶 속에 수많은 악령을 끌어들이는 결과를 가져온다. 그러므로 그토록 원했던 복이 오고 재앙이 없어지는 게 아니라, 복은 떠나고 재앙만 남게 되는 결과를 초래한다는 것을 분명히 알아야 한다. 그것이 그들의 결국이다.

이것에 대한 정의가 바로 서면 기독교 안에 존재하는 이방종교와 샤머니즘 혹은 마법적 집단이 어떤 곳인지, 누가 마법사와 무당과 방불한 행위를 하는지 분별할 수 있는 안목을 갖게 된다.

이것이 영분별의 정석이다.

2.
기독교 안에 있는 마법과 무속의 모습들

신명기 18장

9   네 하나님 여호와께서 네게 주시는 땅에 들어가거든
    너는 그 민족의 가증한 행위를 본받지 말 것이니

10 그의 아들이나 딸을 불 가운데로 지나게 하는 자나
    점쟁이나 길흉을 말하는 자나 요술하는 자나 무당이나

11 진언자나 신접자나 박수나 초혼자를 너희 가운데에
    용납하지 말라

12 이런 일을 행하는 모든 자를 여호와께서 가증히
    여기시나니 이런 가증한 일로 말미암아 네 하나님

여호와께서 그들을 네 앞에서 쫓아내시느니라

13 너는 네 하나님 여호와 앞에서 완전하라

14 네가 쫓아낼 이 민족들은 길흉을 말하는 자나
점쟁이의 말을 듣거니와 네게는 네 하나님 여호와께서
이런 일을 용납하지 아니하시느니라

신명기 18장 9~14절에는 하나님이 가증스러워하는 자들의 목록이
열거되어 있다. 하나님은 그들을 용납하지 말라고 하셨다. 그들과 그
들의 행위를 신앙 안에서 용납하지 않는 삶이 하나님 앞에서 완전한
삶이며, 나아가 하나님의 택한 자들에게는 가증스러워하는 자들의
행위 자체가 이루어지도록 용납하지 않겠다는 말씀이시다.

그러면 신명기 18장에 나오는 가증스러운 자들—아들이나 딸을
불 가운데로 지나게 하는 자, 점쟁이, 길흉을 말하는 자, 요술하는
자, 무당, 진언자, 신접자, 박수, 초혼자—의 정체는 무엇일까.

이들의 정체를 다섯 글자로 요약하면, '마법·주술사'라고 할 수
있다. 그리고 이들 집단을 여섯 글자로 요약하면 '마법·주술 집단'
이라고 할 수 있으며, 이들이 행하는 영적 행위를 마법 혹은 주술
이라고 정의할 수 있다.

그렇다면 마법 혹은 주술은 무엇이기에 하나님이 그토록 가증히

여기시는 것일까.

인간이 생각하고 상상하고 말하고 행동하여 영계의 어떤 영들을 달래거나 협박하거나 조종해서 인간의 소원을 이루려는 모든 행위를 마법 혹은 주술이라고 정의할 수 있다.

그렇다면 왜 마법이 가증스러운 일인가.

그것은 인간이 하나님을 온전히 믿지 않고 오히려 인간자신이 원하는 생각과 상상, 그리고 말과 행동으로 영계를 조작하는 것이기 때문이다. 또한 인간의 소원을 이루도록 영들을 조종하는 행위를 통해 영계를 흔들고 인간이 자신의 운명의 주인이 되고 더 나아가 인간이 신이 될 수 있다는 망상까지 품게 하기 때문이다.

그러한 마법은 인간의 세속의 욕망을 이루어 주는 것처럼 하지만, 실상은 악한 영들이 인간의 욕망을 이루려는 생각과 상상, 말과 행동에 끌어당겨져 인간의 영혼을 장악하고 결국 파멸로 이끌고 가게 되는 것이다. 그렇기 때문에 하나님은 그러한 마법적 행위와 악령의 인간 도구인 마법사들을 가증스럽게 여기셨다. 또한 마법을 행하지 않고 온전히 하나님을 따르는 신앙을 참된 신앙으로 인정하시고, 하나님이 진정으로 사랑하는 성도에게는 이러한 마법이 통하지 않게 하시겠다고까지 하신 것이다.

인간이 원하는 것을 바라고 꿈꾸며 상상하고 이룬 것처럼 말하고 행동하면, 영들을 조작하고 인간의 염원과 비슷한 영들을 끌어들여 인간이 원하는 것을 얻는다. 하지만 결국은 악한 영을 끌어들임을 통해 영혼의 파국을 맞는 것, 그것이 마법이라는 것이다.

그것을 알면 마법이 변형된 수많은 형태의 영적 미혹들을 분별해 낼 수 있다.

이제부터 마법이 세상에 어떤 다양한 모습으로 나타났는지 살펴보아야 한다.

론다 번이라는 호주 여성이 발간했던 『시크릿』이란 책이 있다.

전세계 상위 1%만 안다는 성공 비결을 다루고 있는데, 그 비결은 '내가 원하는 대로, 생각하는 대로, 믿는 대로, 말하는 대로 나의 인생을 만든다.'라는 것이다.

내 운명은 내가 개척할 수 있는 것으로, 내가 원하는 것을 바라고 꿈꾸면 어떤 힘이 작용하여 그것을 이루어 줄 수 있다고 주장하는 책이다.

인간이 바로 자기 운명의 주인이며 인간 뜻대로 자신이 원하는 삶을 살 수 있다는, 성공을 위한 자기 계발서다.

론다 번이 말한 시크릿의 다른 이름은 '끌어당김의 법칙'이다.[1]

---

1) 이 문단의 내용은 김태한 저 『뉴 에이지 신비주의』(라이트하우스, 2008)를 참고했다.

내가 원하는 것이 있다면 그것을 바라보고 몰입하고 꿈을 꾸며, 이미 이루어진 것처럼 생생하게 이미지를 그리고 말하고 행동하라는 것이다. 그러면 나의 믿음이 진동을 일으키고 그 진동이 우주에 닿아 내가 원하는 것을 끌어당겨서 이루어 준다는 것이 끌어당김의 법칙이다.

한마디로 말하면 내 운명의 주인이 바로 나라는 것이며, 내가 원하고 꿈꾸는 것을 우주에서 모두 이룰 수 있다는 것이다. 그러므로 더 이상 하나님은 필요가 없고 내가 신이라고 주장하는 것이 바로 끌어당김의 법칙이다. 이것은 말이 인간의 성공을 위한 자기계발서지, 영이 유사한 영을 끌어당긴다는 영적 원리와 같은 것이다. 즉 내가 원하는 갈망은 영적 에너지로, 이 에너지는 내가 원하는 것을 해 줄 비슷한 영적 존재를 끌어들이는 것이다.

영은 비슷한 영을 끌어당기고 다른 영을 밀어내며, 영적 파장이 맞는 존재를 끌어당기고 영적 파장이 맞지 않는 존재를 밀어낸다.

그러므로 내가 돈을 간절히 갖고 싶다고 가정을 할 때, 돈을 갖고 싶은 나의 생각과 마음은 곧 돈에 대한 나의 영적 실상이다. 그래서 돈을 얻을 것을 바라고 생각하고 상상하며 돈을 이미 얻은 것처럼 말하고 행동하면, 그것을 이루어 줄 비슷한 영이 끌어당겨져 그 일을 해 주는 경우가 많다는 것이다. 그래서 그것은 영적 법칙 중 하나임에도 불구하고 세상의 성공학의 원리가 되는 것이고 세상의 성공학으로 포장되었기 때문에, 영적 법칙이라는 사실을 사람들은 알지 못하는 것이다.

비슷한 맥락에서 위에 언급한 마법이 있다.

마법을 한마디로 요약하면, 인간이 믿음으로 생각하고 상상하고 바라고 꿈꾸며, 이루어진 것처럼 말하고 행동하면 우주가 인간의 정신과 믿음에 반응한다는 것이다. 그래서 인간이 원하는 것을 마치 과학처럼 이루어 준다는 것이며, 인간이 자기 운명의 주인이 될 수 있고, 나아가 인간이 곧 신이 될 수 있다고 주장하는 것이다. 그리고 동시에 그것을 위해 우주에서 어떤 영이 파견되어 그 일을 해 준다고 하는 것. 그것이 마법이다.

이처럼 마법은 고대와 현대에도 마법으로 불리지만, 컬트 집단에서는 오컬트의 구상화 법칙으로, 동양 종교에서는 명상이나 진언이나 주문으로 나타난다. 또한 양자역학, 그리고 상상의 힘으로 사람들에게 알려지기도 하고, 변두리 불교에서는 염력 혁명이라고도 부르기도 하고, 중국 도가에서는 동기의 감응이라고 부르기도 하고, 끌어당김의 원리로 세상 성공학의 한 분야로 자리매김하고 있다.

마법은 마법으로, 오컬트 구상화로, 동양 종교에서는 명상, 진언, 주문으로, 또한 양자역학으로, 상상의 힘으로, 인간 정신과학으로, 염력 혁명으로, 동기의 감응으로, 끌어당김의 원리로, 세상 성공학으로 모습을 바꾸며 사람들을 미혹한다. 하지만 마법의 결국은 인간의 욕망 속에 마법의 영들이 개입하여 세속의 욕망을 이루어 주는 대신, 그 영혼을 장악하며 파멸시키는 것이다.

그런데 가장 큰 문제는 마법이 마법 집단에만 있는 게 아니라는 것이다.

인간이 자신이 원하는 것을 믿음으로 생각하고 상상하고 바라고 꿈꾸며 이루어진 것처럼 말하고 행동하면 원하는 것을 이룰 수 있다는 마법적 행위는, 기독교 안에서 완전히 기독교화하여 버젓이 활동한다.

그 대표적인 것이,

① 생각하여 말을 하면 말한 대로의 실체를 소유할 수 있고, 인간이 생각하는 것이 곧 현실이며, 사람이 말을 발산하면 그 말이 실체를 만들어 말한 그것을 갖게 된다는 '신사고 운동'

② 너의 믿음대로, 너의 신념대로, 너의 삶의 현실을 만들 수 있다는 '믿음 운동'

③ 말로 자신의 운명을 만들 수 있다는 '말의 힘'

④ 긍정적으로 생각하면 그 생각대로 된다는 '긍정의 힘'

⑤ 나의 믿음대로 하나님은 축복해 주시고 나의 믿음대로 하나님은 응답하신다는 '번영신학'

⑥ 3차원에 있는 존재인 내가 믿음으로 원하는 것을 생각하고, 생생하게 그것의 이미지를 만들어 몰입하고, 그것을 이룬 것처럼 말하고 행동하면 4차원에 계신 하나님이 그것을 보시고 응답해 주시므로 내가 3차원을 다스리며 살 수 있다는 '4차원 영성'

등이다.

이러한 기독교 안의 영성들은 마법적 행위라는 오해를 불러일으킬 수 있는 소지가 많다.

이들의 논리들은 조금씩 다른 것 같지만 본질은 결국 같다. 인간의 소망을 이루기 위해 믿음으로 생각하고 뚜렷하게 상상하고 이룬 것처럼 말하고 행동하면, 우주가 혹은 하나님이 그에 반응하여 인간의 소망을 이루어 준다는 것이다. 이것이 마법적 행위들과 크게 다를 것이 없다는 것을, 비교해 보면 바로 알 수 있다.

이들의 신앙에는 하나님의 창조, 죄, 예수, 십자가, 대속, 부활, 거듭남, 은혜, 세례, 심판, 성화, 영화, 천국, 재림 등의 기독교 정통 신앙은 없다. 오직 나의 소원을 이루기 위해 꿈, 상상, 믿음, 말, 행동으로 소원 성취하여 내가 내 인생의 주인이 되자는 결론에 이르게 된다는 점에서, 정통 기독교 신앙과는 오히려 대척점에 서 있다고 보는 것이 옳은 판단일 것이다.

또한 위에 언급한 영성들은 내 소원을 이루기 위해 하나님과 예수님 그리고 성령님과 성경을 이용하고, 도구로 가르치고 있다는 점에서 더 심각한 문제를 가지고 있는 것이다. 더욱 위험한 것은 생각하고, 상상하고, 이미지를 그리고, 이룬 것처럼 말하고 행동하는 영적 행위에는 많은 악령들이 깃들고 끌어당겨져서 오히려 사단에 사로잡히는 결과를 가져올 수 있다는 점이다.

본의는 아니지만 많은 교회와 목사님들이 마법을 분별하지 못하고 오히려 마법에 이용당하고, 때론 마법을 이용하여 자기의 종교적 욕망을 이룬다. 그것을 통해 마법이 이미 기독교 영성의 주류가 되어 버렸다.

이 책의 다음 내용들은, 마법과 무속의 원리가 기독교의 성령의 역사인 양 성도를 속이는 각 영적 행태에 대해, 그 거짓됨을 영적 현상학으로 밝혀 줄 것이다.

그것은 신명기 18장 9~14절에 망라된 마법사들의 행위가, 어떻게 기독교 일부 교회와 목사들을 통해 어떤 영적 형태로 나타났는지 분별하는 일이 될 것이다.

영분별을 위해 다시 정리하자면,

마법 혹은 주술이란 인간의 생각, 상상, 말, 행동, 도구 등을 사용하여 신의 뜻을 알아내거나 신의 힘을 조종하여 인간의 문제를 해결하려고 하는 모든 방법을 말한다. 그러나 하나님의 주권만이 역사하는 기독교 안에서는 하나님을 조종하여 인간의 문제를 해결하려는 어떠한 마법이나 주술 행위도 용납되지 않는다.

인간의 생각, 상상, 말, 행동, 도구 등을 사용하여 인간의 욕망을 이루기 위해 영들을 조종하고 조작하여 영들을 끌어들이고, 인간 스스로 문제를 해결하려는 기독교 안의 모든 시도는 기독교가 아니라는 것이다. 더욱이 하나님을 조종하고 하나님을 이용하여 인간의 목적을 이루려고 하는 기독교 안의 모든 시도는 기독교가 아니다.

그럼 이러한 행위는 무엇인가. 바로 마법이다.

또한 특정 영적 인간들이 교회 안에서 성령의 임재를 구하며 집회 때마다 성령의 강림을 구하고, 온갖 영적 현상을 일으키면서 성도의 복을 구하고 화를 면하고자 한다. 그 모든 행위들은, 기독교 안의 샤머니즘적 행태라고밖에 볼 수가 없다. 즉, 인간의 힘으로 성령을 끌어들여 인간의 원하는 것을 해 주시도록 행하는 기독교 안의 샤머니즘의 대표적인 모습은, 많은 은사집회에서 볼 수 있는 현상들이다. 그러한 모습은 특히 오늘날 신사도 운동류를 지향하는 교회와 기름부음 사역을 하는 교회들에서 현저하게 나타난다.

그러한 시도를 하는 사람이나 집단은, 설령 목사와 교회를 하고 있고 하나님의 이름을 빙자해도, 이들의 영적 실상은 마법·주술사와 샤먼의 세력들이라고 하지 않을 수 없다.

뜻은 하늘에서 이루어지는 것이지, 땅에서 이루는 것이 아니다.

그런데 인간이 인간의 뜻을 이루려고 중간자인 영매적 인간을 동원하여 영들을 부리고 조작하고 협박하고 달래어 인간의 뜻을 이루려는 무속적 행위와, 또한 인간 스스로 믿음, 생각, 상상, 말, 행동으로 영들을 부리고 조작하고 협박하고 달래어 인간의 목적을 이루려는 마법이 기독교 안에서 벌어지고 있다. 그것은 기독교가 아니라 무속의 집단 혹은 마법의 집단들이 벌이는 영적 행위라고 보면 된다.

이것만 알면 영분별은 거의 다 한 것이다.

성도는 영을 조종하고 끌여들여 운명의 주인이 되는 샤먼과 마법사의 길을 걸을 것인가.

하나님에 뜻에 순종하며 자신의 운명의 주인이 하나님이심을 고백하며 기독교인으로 살 것인가.

선택해야 한다.

그리고 교회 안에 기독교가 사라지고 무속과 마법이 남느냐, 무속과 마법이 사라지고 기독교가 남느냐.

그 싸움을 시작해야 한다.

교회 안에 기독교화되어 버린 무속과 마법의 세력과 그들의 영적 행태를 분별하여 분리시키고 사라지게 하는 것이, 21세기 영적 전쟁에서 기독교가 승리하는 일일 것이다.

3.
많이 해 봤자 본전인 방언기도의 영적 본질

대부분의 기독교 목회자나 신학자들은, 영적인 현상을 성경을 가지고 판단하고 그 옳고 그름을 정하려고 한다. 이러한 태도는 올바른 태도지만 완전히 맞는 것도 아니다.

왜냐면 성경에는 같은 사안을 두고 해석을 다르게 할 수 있는 말씀들이 많고, 영적인 현상이라는 것은 문자로 된 성경이 그것을 다 해석하기에는 무리가 있기 때문이다.

따라서 영적 현상은 깊은 영적 통찰력을 가지고 개념의 정의를 내리고, 그것을 기반으로 해석을 하면서 그 기준을 성경에 두어야 바른 분석이 나오는 것이다. 만일 영적 현상을 자기들이 아는 성경 지식을 가지고 옳고 그름을 따진다면, 그러한 논쟁은 답도 없을 뿐 아니라 끝없는 소모적 논쟁만 계속되게 될 것이다.

사도 바울은 고린도전서 2장 13절에서 "**우리가 이것을 말하거니와 사람의 지혜가 가르친 말로 아니하고 오직 성령께서 가르치신 것으로 하니 영적인 일은 영적인 것으로 분별하느니라**"라고 말하고 있다.

올바른 영적 현상에 대한 분석은 성령의 가르침을 받은 자들이 신령한 일을 신령한 것으로 분별하는 것이지, 지식과 문자적 해석으로 가능한 것이 아니라는 것이다. 다만 신령하다는 것에서 많은 문제가 야기되므로 신령하되 성령의 가르침을 받은 영적 지식으로 통찰하고, 성경이 기준이 되는 해석을 할 때 가장 영적 현상의 본질에 근접한 해석을 하게 될 것이다.

위에 전제한 명제를 중심으로 기독교 교회 안에서 계속 논쟁의 대상이 되는 방언이 본질이 진정 무엇인지 살펴보기로 한다.

사도행전 2장

1 오순절 날이 이미 이르매 그들이 다같이 한 곳에 모였더니

2 홀연히 하늘로부터 급하고 강한 바람 같은 소리가 있어 그들이 앉은 온 집에 가득하며

3 마치 불의 혀처럼 갈라지는 것들이 그들에게 보여 각 사람 위에 하나씩 임하여 있더니

4 그들이 다 성령의 충만함을 받고 성령이 말하게 하심을 따라 다른 언어들로 말하기를 시작하니라

5 그 때에 경건한 유대인들이 천하 각국으로부터 와서 예루살렘에 머물러 있더니

6 이 소리가 나매 큰 무리가 모여 각각 자기의 방언으로 제자들이 말하는 것을 듣고 소동하여

7 다 놀라 신기하게 여겨 이르되 보라 이 말하는 사람들이 다 갈릴리 사람이 아니냐

8 우리가 우리 각 사람이 난 곳 방언으로 듣게 되는 것이 어찌 됨이냐

9 우리는 바대인과 메대인과 엘람인과 또 메소보다미아, 유대와 갑바도기아, 본도와 아시아,

10 브루기아와 밤빌리아, 애굽과 및 구레네에 가까운 리비야 여러 지방에 사는 사람들과 로마로부터 온 나그네 곧 유대인과 유대교에 들어온 사람들과

11 그레데인과 아라비아인들이라 우리가 다 우리의 각 언어로 하나님의 큰 일을 말함을 듣는도다 하고

영적 현상학으로 해석하는 영분별 이야기

방언 중지론자들은 사도행전 2장 1~11절을 방언 중지론의 근거로 든다. 성령이 임하실 때 나타난 방언은 외국어 방언이었기 때문에, 오늘날의 근본을 알 수 없는 이상한 소리로 하는 방언은 성경적 방언이 아니라 마귀 방언이므로 해서는 안 된다고 주장한다.

반대로 방언 옹호론자들은, 방언은 외국어 방언만 있는 것이 아니라고 한다. 사도 바울이 누구보다 방언기도를 많이 하였다는 것과, 또한 고린도전서 14장 2절의 **"방언을 말하는 자는 사람에게 하지 아니하고 하나님께 하나니 이는 알아 듣는 자가 없고 영으로 비밀을 말함이라"**라는 말씀을 근거로 들면서, 성경에는 외국어 방언뿐 아니라 하나님이 주신 신령한 은사인 영의 방언도 존재하며, 방언은 영 안에서 신비를 말해 준다고 반박하고 있다. 또한 방언의 은사는 영을 민감하게 하고, 영을 여는 통로이며, 은사를 여는 기본이 되는 것이라고 주장한다.

이상에서 보듯 방언 중지론자도 성경으로, 방언 옹호론자도 성경으로 서로 논쟁을 하고 있는 것이다.

그런데 "방언의 본질은 외국어 방언이다!", "아니다! 영의 비밀을 말하는 것이다!"라고 논쟁하는 것보다는, 방언이 어떻게 임하였는가를 살펴보아야 한다. 그래야 방언의 본질이 무엇인지, 그리고 궁극적으로 방언기도를 해야 옳은지 어떤지를 분별해 볼 수 있다.

방언의 본질은 방언이 임할 때 반드시 영적 존재가 먼저 임한다는 것이다. 이것이 방언의 핵심이며 방언의 성격을 규정하는 것이다.

방언이 임한 과정을 살펴보면, 방언은 성령이 임했을 때 시작된 다고 한다. 이것을 달리 말하면 인간에게 영이 임하기 때문에 인간이 할 수 없는 초월적 언어로 기도를 하는 것이 방언기도라는 말이 된다. 그래서 알지 못했던 외국어로 방언을 하기도 하고, 영으로 알아들을 수 없는 방언기도를 하기도 하는 것이다.

방언기도의 본질이 인간에게 영이 임하여 하는 초월적 기도라고 한다면. 기독교 신자든, 불교 신자든, 힌두교 신자든, 심지어 무신론자든, 말을 하는 존재인 인간에게 어떤 영이 임하고 언어를 장악하여 초월적인 말을 하게 하는 모든 것이 바로 방언인 것이다.

바로 이와 같은 이치 때문에 우리가 아는 것처럼 불교 신자도, 힌두교 신자도, 이슬람 신자도, 부두교 신자도, 아직 덜 발달된 지역 부족들의 민간신앙에서도, 방언기도를 하는 것이다. 말을 하는 존재인 인간에게 어떤 영이 임하여 언어를 장악하고 초월적인 말을 하게 하는 것이 바로 방언이기 때문이다.

그러나 여기서 문제가 되는 것이 있다. 각 종교 신자들이 방언을 한다고 할 때, 그들은 자신들이 믿는 종교의 영이 임했다고 생각하는 데서 오류가 생긴다는 점이다. 각 종교의 신자들이 방언을 한다고 해도 그 종교의 영이 임해서 방언을 하는 것이라는 생각을 접어야 한다.

즉 기독교인이 방언을 했다고 해서 성령이 임한 것이 아니고, 힌두교 신자가 방언을 했다고 해서 힌두교 신의 영이 임한 것이 아니며, 불교 신자가 방언을 했다고 해서 부처의 영이 임한 것이 아니라는 것이다. 그저 영과 육으로 구성된 인간에게, 이름을 알 수 없는 어떤 영이 임하여 그 영의 초월적 소리를 내는 것이 방언기도일 뿐이다.

그럼에도 불구하고 기독교 신자는 자기에게 방언의 은사가 왔으니 성령이 임했다고 믿는 것이고, 힌두교 신자는 자기의 방언이 힌두교의 영이 임하여 하는 것이라고 믿으며, 불교 신자는 자기가 방언을 하게 되면 부처의 영이 임하여 방언을 한다고 믿을 뿐이라는 것이다.

이것이 착각의 시작이며 오류의 시작이 되는 것이다.

자신이 어느 종교의 소속이든 방언기도가 어떤 영이 임하여 하는 것인지 알 수 없다. 방언을 하는 당사자도 자기가 하는 방언기도가 어떤 영이 와서 하는 것인지 전혀 모른다.

기독교 신자가 기도를 하다가 방언기도를 하게 되었다면 분명 어떤 영이 와서 하게 된 것이다. 그런데 기독교 신자는 성령이 와서 방언기도를 하게 되었다고 믿을 뿐이지, 사실은 어떤 영이 와서 방언기도를 하게 된 것인지 알지 못한다. 같은 논리로 힌두교 신자도 방언을 하면 힌두교 영이 왔다고 믿을 뿐, 본인도 어떤 영이 와서 방언을 하는지 모른다는 것이다.

즉 방언이란, 어떤 영이 나에게 와서 하게 하는 것인데 나는 그 영의 정체가 어떤 것인지 전혀 알지 못하고, 그저 내가 하나님을 믿으니까 성령이 임하여 방언기도를 했다고 믿는 것이다. 그렇게 믿고 방언기도를 계속한다는 것이 방언기도의 본질이며 위험성이다.

또한 방언의 위험성은 더 심각한 부분에도 있다. 인간에게 영이 임하여 인간으로 하여금 그 영이 하는 기도를 하게 하는 것이 방언기도라고 할 때. 그 어떤 영적 존재가 인간에게 임하여 초월적 언어로 기도를 하면, 기도를 하는 것의 영적 실상은 방언을 하는 영이 기도의 형태로 표출된 것이다. 그렇기 때문에 방언기도를 하게 하는, 정체를 알 수 없는 어떤 영과 유사한 영을 끌어들이는 심각한 문제를 가져온다는 것이다.

예를 들면 내가 지금 방언기도를 한다고 해도, 말이 방언기도지 정말 무슨 기도를 드리는 것인지 알겠는가. 내가 만약 마음이 선하지 못하고, 탐욕이나 미움을 갖고 때론 권력이나 물질에 대해 갈망하는 마음을 가지고 방언기도를 하게 된다고 한다면. 그것은 내가 지금 좋지 않은 영적 상태에서 방언으로 기도하는 것이 되기 때문에, 필연적으로 좋지 않은 비슷한 영을 끌어당길 수 있다는 것이다.

예를 들면 재정에 대해 간절한 사람 중에는 물질의 어려움이 있어 기도하는 사람도 있지만, 그저 물질에 대한 탐심으로 기도하는 사람도 있다. 이때 탐심을 가지고 방언으로 기도한다면, 탐심의 영이 방언의 형태로 기도를 하는 것이라고 분석할 수 있다. 탐심의 영으로 방언기도를 하면 할수록, 비슷한 다른 탐심의 영들을 끌어당길 수 있다는 것이 방언기도의 위험성이다.

더욱이 방언이란 성령이 하는 기도라기보다는, 내 안에 존재하는 수많은 영들 중 어떤 영이 하는 기도라고 봐야 한다. 만약 이 영이 성령을 가장한 악한 영인데 방언의 형태로 나를 사로잡고 방언기도를 하게 한다면, 나는 방언기도를 통해 수없이 많은 악한 영을 끌어들일 수 있다는 것이다.

이런 전제가 성립된다면, 방언기도 시간이 길면 길수록 악한 영을 끌어들일 수 있는 시간과 분량도 그만큼 늘어난다는 것을 알아야 한다. 그래서 주변에 방언기도 많이 한다는 사람 치고 인격이 제대로 되고, 은사가 제대로 된 사람을 별로 볼 수 없다. 오히려 방언기도 많이 한 사람들 중 일부는 거칠고, 탐욕스럽고, 교만하고, 삶도 피폐하고, 악령에 많이 사로잡힌 것을 볼 수 있는데 바로 그 러한 영적 이치 때문이다.

그래서 방언기도는 하면 본전이고 할수록 손해다. 그러므로 가능 하면 안 하는게 좋다. 그 이유는 바로 앞서 말한 영적 이유 때문이다.

그러면 방언기도를 안 하면 하나님과 교통이 끊어질까 ? 곰곰이 생각해 보자. 하나님과 나의 관계가 있다. 주권이 누구에게 있는 것인가?

당연히 주도권은 하나님이 갖고 계신다. 하나님이 나에게 뭔가를 주시고 싶거나 요구하시고 싶은 것이 있으면, 내가 굳이 기도를 하 지 않아도 하나님이 주시고 알게 하신다. 내가 달라고 안 해도 하 나님의 뜻이 있으면 그 뜻이 나에게 이루어지는 것이다. 또한 하나 님은 때론 복을 주시고 때론 고난을 통해서 나를 가장 좋은 길로 인도하시는데, 그것은 하나님이 적절하게 알아서 인도하시어 나를 가장 온전한 길로 가게 하시는 것이다. 그것이 바로 하나님의 이끄 심이다.

이러한 이끄심이 바로 요한복음 3장 8절 **"바람이 임의로 불매 네가 그 소리는 들어도 어디서 와서 어디로 가는지 알지 못**

하나니 성령으로 난 사람도 다 그러하니라"라는 말씀이 내 삶 속에서 이루어지는 것이다.

복과 고난이 출렁거리는 인생을 열심히 이겨 나가며 하나님을 의지하고 살아가다 보면, 지금 나의 나 된 것이 하나님의 은혜인 것을 알게 된다. 또한 나의 가는 모든 인생길을 온전함에 이르도록 성령이 도우셨다는 것을 알게 되는 것이다.

은사주의자들이 그토록 받고 싶어 하는 성령의 능력은 예언하고, 방언하고, 축귀하고, 통변하는 것이 아니다. 그것은 나를 하나님의 자녀로 온전히 만들어 가시는 하나님의 능력을 말하는 것이며, 그러한 성령의 능력은 인간의 노력으로 얻어지는 것이 아니라는 것이다.

나에게 하나님이 주신 인생길을 하나님의 자녀로서 온전함에 이를 때까지 살아갈 수 있도록 돕는 능력이 바로 성령의 능력이다. 또한 그 능력으로 하나님이 주도권을 가지고 성도의 삶을 이끌어 가기 때문에, 기도란 한국말로 하나님을 경외하고 자기 신앙 고백을 하며 자기 삶을 고백하는 것으로 충분한 것이다.

그리고 지금의 삶이 너무도 곤고하다면 그에 대해서도 역시 한국말로 간절히 하나님께 간구하면 되는 것이다.

방언이란 내 안에 어떤 영이 초월적 언어로 내 언어를 장악해서

드리는 기도지만, 어떤 영이 드리는지 전혀 알지 못하는 기도라는
것이다. 단지 성령 안에서 하는 기도라고 믿고 하지만, 만약 성령
이 아니라 나도 모르는 악령이 드리는 기도라면. 그렇다면 방언기
도를 하면 할수록 비슷한 류의 더러운 악령을 끌어들이는 도구가
될 수 있는 것이다. 그런데 뭐 하러 영을 끌어들이는 위험성을 가
진 방언기도를 해야 하는가. 그것도 몇 시간씩 말이다.

　방언기도는 해 봤자 본전이고 잘못하면 아주 크게 영적 문제를
야기하므로, 될 수 있으면 안 하는 것이 좋다.

4.
방언의 은사는 영의 통로를 여는가

방언을 옹호하는 사람들은 방언기도를 많이 하면 영의 통로가 열어진다고 한다. 방언기도를 많이 해 본 사람이라면 이 말이 맞는 말이라고 수긍할 것이다. 그런데 딱 들으면 맞는 이 말이, 좀 더 생각을 달리 해 보면 묘하게 틀린 말이라는 것을 알게 될 것이다.

방언은 정말 영의 통로를 열 수 있을까? 답은, 방언은 영의 통로를 열 수 없다는 것이다.

인간 개인개인이 곧 영계다. 사람은 육체를 갖고 있는 물질적 존재인 동시에 영적 존재다. 사람의 육체 안에는 보이지 않게 수없이 많은 영들이 숨어서 살고 있다. 그래서 인간은 영적 존재고, 인간 자체가 하나의 영계로서 존재한다.

인간 자체가 영들이 거하는 작은 영계이기 때문에, 방언기도를 하든 안 하든 인간이 바로 영의 통로라는 결론에 이르게 된다.

세상을 구성하는 인간, 자연, 만물, 그리고 공간 등은 모두 물질적으로 구성되어 있다. 하지만 사실 거기에는 영들이 함께 깃들어 공존한다. 그러므로 결국 인간과 자연 만물 그리고 하늘이라는 공간은 물질계인 동시에 영계다. 이 세상에 존재하는 모든 것이 물질계이자 영계이므로 존재하는 모든 것은 영의 통로가 되는 것이다.

더욱이 인간은 생각하고 말하고 행동하는 존재다. 인간이 생각하고, 말하고, 행동하는 것 그 자체가 바로 영적 행위이며 인간은 그 행위들을 통해 자기가 인식하든 안 하든 영들을 불러들이기도 하고 끌어당기기도 하고 내쫓기도 한다.

그러므로 인간은 존재 자체로 영의 통로가 되는 것이다.

또한 영들의 입장에서 볼 때는, 사람의 몸, 생각, 감정, 말, 행동으로 이루어진 인간의 삶 속에 거하여 생존하는 것이 영들의 생존 법칙이다. 그러므로 영들은 인간이 기도를 하든 안 하든 인간을 통로로 삼아 나가고 들어올 수 있다. 그것이 영적 법칙 중 하나인 것이다.

그러므로 인간이 방언기도를 해서 영의 통로가 열리는 것이 아니라 인간 자체가 영의 통로다. 영들은 인간의 몸, 생각, 말, 행동 그리고 인간이 접하는 관계 등 인간의 모든 것을 영의 통로로 삼을 수 있다는 개념이 바르게 정립되어야 바른 영적 판단을 할 수 있다.

종교의 기원에는 애니미즘(정령신앙)이 있다.

애니미즘은 인간과 자연, 동물이나 식물, 심지어 무생물까지도 모두 생명과 영혼을 가지고 있으며, 눈에 보이지 않는 어떤 영적인 힘 또는 존재가 깃들어 있다고 믿는 신앙이다. 비슷한 것으로는 물활론이 있다.

또한 한국의 민간신앙에서도 하늘, 산, 강, 들 그리고 집의 부뚜막, 벽에도 귀신이 있다고 믿는다. 또한 귀신은 당신의 머리 위로도 지나간다고 말할 정도로, 영들이 많다고 말하고 있다. 이러한 영적 진단은 틀린 이야기가 아니다.

그렇다면 인간과 생물, 무생물 등은 모두 물질적 존재인 동시에 영적 존재이며 영들이 거하고 활동하는 처소로서 영계가 되는 것이다. 이는 곧, 존재하는 모든 것은 영의 통로가 된다는 것을 의미한다.

이러한 명제가 정확하다면 인간은 그 자체로 영의 통로이기 때문에, 방언기도를 많이 해서 영의 통로가 열린다는 말 자체가 성립될 수가 없는 것이다.

다만 방언기도가 내 안의 어떤 영이 드리는 초월적 언어의 기도이므로, 비슷한 영을 끌어들이므로, 많은 영적 존재와 접촉하는 수단이 되므로, 영과 육이 영적으로 민감해져 영들의 행함을 예민하게 느껴서 마치 영의 통로가 열린 듯이 생각하는 것이다.

이러한 바른 정의에 서지 않고 남의 말한 것을 그대로 학습하고, 자기 임의대로, 경험대로 판단하는 영적 판단은 개념의 시작부터 잘못된다. 그래서 반드시 이론적 문제와 실천적 문제를 가져오게 된다. 하지만 목회자 자신도 자기가 무슨 소리를 하는지도 모르면서 잘못된 영적 해석을 하여 성도를 다른 길로 인도할 수도 있다.

인간 자체가 영의 통로다. 방언기도를 한다고 영의 통로를 여는 것이 아니다. 다만 방언기도를 통해 인간의 몸과 영이 영적으로 예민하게 변하므로, 영을 민감하게 느끼게 되어 마치 영의 통로가 열린 것으로 착각하는 것이다.

5.
방언의 은사는 은사를 여는 기본 은사인가

방언을 옹호하는 사람들은 방언이 은사를 여는 기본 은사라고 말한다. 방언기도를 많이 해 본 사람이라면 이러한 전제에 대해 맞다고 수긍할 것이다. 그러나 이 전제 역시 조금만 생각을 달리해 보면 틀린 말이다.

은사란 인간이 가질 수 없는 초월적 힘을 어떤 영적 존재로부터 받은 것을 말한다. 즉 은사란, 자연 발생적으로 가질 수 있거나 인간의 노력으로 얻을 수 있는 것이 아니다. '영적 존재로부터 주어지는 초월적 힘'이라고 정의할 수 있는 것이다.

그렇다면 은사는 성령이시든 악령이든 어떤 영적 존재가 주는 것이며, 단지 그 은사를 성령께서 주신 것인지 악한 영이 준 것인지 구별하는 것이 중요하다.

이러한 전제가 바로 선다면, 방언기도를 하면 다른 은사를 열 수 있다는 개념 자체가 이미 틀린 것이라는 사실을 바로 알 수 있다. 내 영적 지식과 개념이 바로 서지 않으면 혼란스러운 개념들을 진리로 받아들일 수 있다. 이것이 미혹의 시작점이 되는 것이다.

다시 정리하면 은사는 자연 발생적이거나 인간의 힘이나 노력으로 주어지는 것이 아니라, 영적 존재가 주는 초월적 힘이라고 정의할 수 있다. 은사란 영이 주는 것이다. 그러므로 인간이 하는 방언기도를 통해 다른 은사가 열려지고, 방언이 다른 은사를 여는 기본 은사라는 정의는 잘못된 것임을 알 수 있다.

그러나 방언기도를 많이 하면 마치 은사가 오는 것처럼 보이는 것은 어떤 이유 때문일까?

방언기도를 많이 하면 마치 다른 은사가 열리는 것 같은 현상이 일어난다. 그것은 방언기도를 했기 때문에 일어난 일이 아니다.

방언이란 내 안의 어떤 영적 존재가 하는 기도다. 자신이 기독교 신자이므로 당연히 방언기도를 성령이 하신다고 믿지만, 그저 믿을 뿐이지 사실 어떤 영이 방언기도를 하는 것인지는 방언기도를 하고 있는 당사자도 모르고 있다.

기도하는 사람이 만약 돈이나 권력 등 세속의 욕망을 가지고 간절히 기도를 한다면, 기도하는 본인은 성령으로 기도한다고 생각한다. 하지만 실은 내 안의 세속적 욕망의 영이 초월적 언어로 기도를 하고 있는 것이라고 판단해야 한다. 그러면 그 세속의 영이 하는 방언기도는 그 영과 비슷한 세속의 욕망을 가진 영들을 끌어들인다. 그리고 만약 내 안에 두려움이 있는데 그 마음을 가지고 방언기도를 하면, 오히려 비슷한 두려움의 영이 더 들어올 수 있다는 게 방언의 위험성이다.

자신이 하는 방언기도가 정말 성령이 하시는 기도라면 좋겠지만, 성령인 줄 알고 기도하였는데 자신의 기대와 달리 나도 모르는 어떤 영이 나를 장악해서 방언의 형태로 기도를 한 것이라면. 원치 않았겠지만, 수없이 많은 영들을 끌어들이는 위험한 결과를 초래한다는 것이다.

따라서 방언기도를 많이 하는 경우 내 영혼과 육체에 수많은 영들이 머물고 깃들게 된다. 그때부터 내 영적, 육적 몸은 영적으로 매우 민감하고, 예민해지고, 내 체질이 영적 체질로 바뀌게 되면, 예민하게 바뀐 내 영적 체질과 나에게 역사하는 영들이 나를 붙잡고 어떤 초월적 현상을 일으킬 수 있다. 그러한 현상과 시점에서 사람들은 대부분, 방언기도를 했더니 은사가 온 것이라고 착각하게 되는 것이다.

방언기도를 해서 초월적 은사가 온 것이 아니다. 방언기도를 통해 수없이 많은 영들이 나에게 들어오고 접촉됨으로 인해, 내 체질과 영이 영적으로 무척 예민하게 바뀐 것이다. 그때 내 안에 이미 들어온 많은 영들이 내 영과 육체를 가지고 영적 조작을 하게 되는데, 그때 나타나는 초월적 현상이 은사 형태로 나타나게 되는 것이다. 그럴 때 사람들은 방언기도를 했더니 은사가 열렸다고 착각하는 것이다. 그래서 방언기도는 은사를 여는 기본 은사라는 영성학이 만들어지게 되는 것이다. 그러나 영적 지식을 바르게 알게 되면 방언이 은사를 여는 기본 은사가 아니라는 것을 분별할 수 있다.

인간인 내가 방언기도 등을 통해 영적 체질로 바뀌어 영에 극도로 민감한 삶을 사는 것은 좋은 일이 아니다. 방언을 많이 해서 나의 삶을 영적으로 예민하게 만들기보다는 한국말 기도를 통해 인간스러운 삶을 사는 것이 더 낫다고 생각된다.

결론은, 방언기도는 다른 은사를 여는 기본 은사라는 개념은 맞지 않다는 것이다.

6.
성령의 불 받아라 불! 불! 들어가 더 들어가!

은사집회의 현장에서는 임파테이션이라고 불리는 능력이나 은사의 전이 행위가, 안수나 기도 등을 통해 행해지고 있다. 집회를 주관하는 이들은 하나님이 자신들에게 기름을 부으셨고, 그 은사와 능력이 성도들에게 전이되어 그것을 통해 기사와 표적이 나타나므로 하나님의 나라가 확장된다고 주장한다.

그러나 임파테이션 반대론자들은 하나님의 성령과 능력이 인간을 통해 전해진다는 것은 말도 안 되는 어불성설이라고 주장한다.

이와 같은 수많은 논란에도 불구하고 오늘날에도 여전히 은사집회가 이곳저곳에서 행해지고 있다. 집회의 현장에는 늘 찬양, 기도, 말씀 그리고 임파테이션과 은사집회가 행해지고 있다.

그런데 이러한 은사집회에서 벌어지는 현상 중에 참으로 기이한 것이 있다. 집회를 주관하는 목사님이 성도의 머리에 안수를 하며 "불! 불! 더 들어가, 들어가! 뜨겁게, 더 뜨겁게, 불! 불!" 하고 외치는 모습을 볼 수 있는 것이다. 그 목사가 불을 외치며 안수를 할 때 일부 성도가 뜨거워 죽는다고 몸부림을 치며 떼굴떼굴 구르기도 하는 것을 흔히 볼 수 있다.

그리고 더 기이한 것은, 구르고 있는 성도에게 목사가 "왼쪽으로 굴러, 불!" 하면 그 성도는 갑자기 괴성을 지르며 왼쪽으로 구르고, 그러다가 목사가 "오른쪽으로 굴러, 불!" 하면 그 성도는 오른쪽으로 구른다는 것이다.

도대체 집회에서 왜 이러한 기이한 일이 벌어진 것일까.

솔직히 집회에서 벌어진 이런 일들과 모습은 세계의 어느 종교에서도 볼 수 없고, 심지어 민간신앙이나 무당의 내림굿에서조차 볼 수 없는 전대미문의 천박한 집회로, 교주가 모든 것이 되는, 신흥 사이비 종교에서나 봄직한 일들이 일부 기독교 교회에서 목사와 성도들에게 나타나고 있는 것이다.

목사가 성도에게 들어가라고 외친 불의 정체는 무엇인가? 목사가 불을 외친 것은 성령의 능력이 들어가라고 외친 것이다. 다시 말하면 불이 성령이라는 것인데, 인간 목사가 "불! 불!" 하고 외치면 성령 하나님이 그 목사의 명령에 따라 성도에게 들어가는 존재인가. 성령은 하나님이시다. 만약 성령이 불이라고 해 보자. 그렇다면 인간의 명령에 움직일 리도 없거니와, 만약 성령이 인간에게 그런 식으로 들어간다면 성령의 불을 받은 그 성도는 그 자리에서 즉사했을 것이다.

목사는 불이 무엇인지 알고 불을 들어가라고 외쳤을까? 목사는 불이 무엇인지 알고 불 받으라고 외쳤을까? 성도는 불이 무엇인지 알고 뜨겁다고 몸부림을 쳤을까? 성도는 불이 무엇인지 알고 뜨겁다고 펄쩍펄쩍 뛰며 몸을 굴렀을까?

목사가 외쳤던 불의 영적 실체는 무엇이었을까?

종교에서 불이란 영적 존재를 말한다. 영적 존재란 원래 인간의 눈으로 볼 수 없는 비가시적 존재다. 눈에 보이지 않는 영적 존재의 힘이 너무 강하면 그 파워가 인간의 눈에 형상으로 보이기까지 한다. 그 형상이 바로 불의 형상으로 나타나는 것이다. 그러기에 성령은 형언할 수 없는 힘이다. 그렇기 때문에 불의 형태로 나타나신 것은 너무도 당연한 것이다.

따라서 불이란 영적 존재의 강력한 힘이다. 너무 강해서 인간 눈에 불의 형태로 나타난 것이기에, 이방종교의 사제들도 이런 맥락에서 불을 받는다. 그래서 불은 꼭 성령이 아니라는 것을 알아야 한다.

그런데 성령이시든 강한 영적 존재이든, 불의 형태로 존재하는 영적 존재가 인간에게 들어온다면 영적 현상학적으로 볼 때 그 인간은 그 자리에서 죽거나, 몸을 쓰지 못하게 되거나, 그 인간의 육체적 삶에 큰 문제가 생길 것이다.

그래서 신이 자신의 천사들을 통해 인간에게 계시할 때는, 인간의 삶에 영향을 미치지 않도록 임하시는 것이다. 그런데 강력한 힘을 가진 영적 존재를, 목사가 성도에게 들어가라고 해서 들어간다는 발상 자체가 무지하기 그지 없는 것이다. 목사가 성령의 불을 받으라고 외치면 성령의 불이 성도에게 임재한다는 발상 자체가, 집회를 주관하는 목사의 영적 무지를 그대로 드러내는 것이다.

만약 인간의 힘으로 이러한 영적 존재가 임하거나 들어가거나 던져진다고 인정한다고 치면 어떤 일이 벌어질까?

아마 그 집회에 참석한 목사와 성도들은 모두 죽거나, 다치거나, 쓰러지거나, 육체적 큰 문제를 겪을 것이다. 영적 존재의 임재는 그렇게 크고 두려운 일이다. 그런데 오늘날 은사와 영성을 한다는 목사들은 아무 두려움 없이 날마다 성령의 임재 타령에 불 타령을 하고 있는 것이다.

요한복음 18장 6절 **"예수께서 그들에게 내가 그니라 하실 때에 그들이 물러가서 땅에 엎드러지는지라"** 하시는 말씀을 보자. 예수님이 예수님을 잡으러 온 군대와 대제사장들과 바리새인들에게, 내가 그니라 하는 신적 존재를 계시하신다. 그러자 그들이 물러나 땅에 엎드러졌다는 것이, 바로 강력한 영적 존재가 임했을 때 인간이 얼마나 속수무책인지를 잘 보여 주고 있는 것이다.

"성령의 불"을 외치고 "들어가, 더 들어가! 불 받으라고!" 하며 외치는 목사들은, 그 행위 자체로도 성령을 조종하고 명령하고 지시하는 신성모독의 죄를 짓는 것이다. 이런 이치가 뻔한데도, 아는지 모르는지 오늘날에도 계속 불을 외치며, 목사가 명하면 성령이 불의 형태로 성도에게 들어가고, 목사가 명하면 더 뜨겁게 역사하는 존재로 신성을 모독하는 행위를 하고 있다.

영적 힘이 큰 영이 임하면, 영과 육으로 구성된 인간은 도저히 감당을 할 수 없다. 그러므로 죽거나 삶에 큰 문제를 가져온다. 그곳에 목사의 말대로 성령이 진짜 임하셨다면, 목사나 성도는 쓰러지다 못해 죽을 확률이 매우 높은 것이다. 살아서 계속 그런 행위를 하고 있는 것 자체가 거짓을 행한다는 반증이다. 하지만 목사의 무지와 속임이 혼합되어 계속 그런 미혹의 행위를 하고 있는 것이다.

이런 영적 이치가 분명한데도 일부 목사들은 불을 외치며, 엄청 신령한 사람처럼 집회를 주관한다. "불! 불! 들어가 더 들어가! 파이어! 파이어!"를 외치고 있다. 그래도 목사와 성도가 살아 있는 것을 보면 성령이 절대 아니었음을 알 수 있는 것이다.

그리고 성도의 태도 역시 기이하기는 마찬가지다. 만약 성도가 목사가 외치는 대로 정말 불을 받았다면, 성도 역시 그 자리에서 죽거나 그 육체적 삶에 큰 문제가 일어났을 것이다.

이런 이치로 볼 때 목사가 불을 외친다고 해도 정말 불이 온 것이 아닌데도, 성도는 뜨거워 죽는다고 난리치며 심지어는 펄쩍펄쩍 뛰기도 하고 목사가 명령하는 대로 행동한다.

한심함을 넘어 부끄럽기까지 한 현장이다.

영적으로 아무것도 모르는 목사와 성도들이 한가지로 이상한 집회를 하고 있는 것이다. 이것은 악령 가운데도 천박한 잡귀에 사로잡힌 자들의 영적 난장판일 뿐이다.

그러므로 일부 교회에서 벌어지는 불 타령, 임재 타령은 목사와 성도로 구성된 인간 군상이 종교를 빙자하여 벌이는 아사리 판이라고밖에 볼 수 없다.

그런데 때론 성도들 가운데 목사가 불을 외칠 때 정말 뜨거웠다고 하는 사람들도 있다.

그것은 목사 안에 있는 영이 자기와 비슷한 영을 가진 성도들 가운데 영이 약한 자에게 들어간 것이라고 판단해야 한다. 성령의 불이 아니라 목사 안에 있는 악령이 성도에게 들어간 것이다. 이를 성령의 불을 받은 것이라고 착각하는 성도는, 자기에게 성령의 불을 주신 그 목사님을 하나님처럼 섬기며 살아가게 된다. 그렇게 속는 것이다.

영적인 것은 분별하기 어렵다. 그러나 깊은 체험과 지식을 갖는다면 영분별은 아주 어려운 것은 아니다.

오늘도 한국 교회 어디선가 "불! 불!" 하고 "불! 들어가, 더 들어가! 불 받아라, 불 받아라!" 외치는 소리와, 그 소리에 뜨거워 죽는다고 외치며 뒹구는 일이 벌어지고 있다.

한마디로 성령을 들어가라고 하고, 성령을 던지니 받으라고 하는 것이다. 목사가 하나님을 성도에게 집어넣고, 던지겠다는 것이다. 이런 종교적 태도는 세계 어느 종교, 민간신앙, 오지 종족의 주술적 행위 모임에서도 볼 수 없는 전대미문의 일이다.

이런 기이한 일이 일부 기독교 교회와 목사 그리고 성도들에 의해 일어나고 있다.

불은, 영적 존재의 강력한 힘이 인간의 눈에 불의 형상으로 나타난 것이다. 이런 불은 인간의 명령에 따라 행동하지 않는다. 오히려 이러한 불이 인간에게 임의로 들어간다면 인간은 그 자리에서 죽는다. 아니면 큰 문제를 얻게 된다.

이것을 정확히 안다면 집회마다 불을 외치고 성령의 임재 타령하는 목사들에게 더 이상 속지 않을 것이다.

7.
영을 분별하는 방법과 재정 강의자들에 대한 영분별

어떤 사람 안에 어떤 영이 있는지, 그 사람을 지배하고 있는 영을 알려면 그 사람의 생각, 말, 행위와 그 삶을 보면 대략 알 수 있다.

예를 들어 철수에게 "너희 아버지 뭐 하시는 분이니?" 하고 물었을 때 철수가 "우리 아버지는 죄를 범한 범인을 잡고 그 사람이 어떤 죄를 저질렀는지 조사하는 사람이에요."라고 답하면, 철수 아버지가 경찰이겠구나 생각을 하게 된다.

영희에게 "너희 어머니는 뭐 하시는 분이니?"라고 물었을 때 영희가 "저희 어머니는 초등학교에서 어린아이들을 가르치세요."라고 답하면, 영희 어머니가 초등학교 선생님이겠구나 생각을 하게 된다.

또 민수에게 "너희 아버지는 평소에 뭐 하시니?"라고 물었을 때 민수가 "우리 아버지는 날마다 술 먹고, 술 떨어지면 엄마를 협박해서 돈을 얻어 내어 술을 먹고, 심지어 나에게 술을 사 오라고 심부름을 시키고, 돈이 없는 경우 슈퍼에 가서 외상으로 술을 사다 드시고, 아는 사람들에게 돈을 꾸어 술을 마시기도 하세요!"라고 대답한다면 우리는 민수의 아버지가 알코올 중독에 빠진 사람이라는 것을, 누가 말하지 않아도 알 수 있게 된다.

그런 관점에서 어떤 사람이 매일 불안해하고, 쫓기고, 두려움이 많고, 죽을 것 같고, 죽음이 두렵거나 건강에 깊은 염려가 있어서 항상 우울하게 산다면. 그 안에 죽음의 영이 있다고 판단해도 크게 틀린 판단은 아닐 것이다.

또한 어떤 사람은 날마다 도박할 생각만 하고 있다. 그래서 그 사람은 어디에 도박장이 개설되면 정말 귀신같이 알고 거기에 가서 도박을 하고 있다. 돈만 생기면 도박을 하고, 돈이 떨어져도 어떻게든 돈을 만들어 도박을 할 생각을 한다. 그리고 돈이 없으면 집을 샅샅이 뒤져 돈이 될 만한 것을 팔아서 돈을 만들거나, 가족을 협박해 돈을 갈취하여 결국 도박을 하러 간다. 그 사람 안에 도밖의 영이 있기 때문에 그런 행위를 하는 것을 알 수 있다.

즉, 사람이 행동하지만 실제로 그 행동의 배후에는 그러한 행동을 하게 하는 영적 존재가 있다는 것이다.

영적 존재가 주체고 사람이 객체가 되어 한 몸으로 행동하는 것이 인간의 삶이라고 정의할 수 있다. 그렇다면 인간의 생각, 말, 행동, 그리고 현재 삶의 실존과 결과는 곧 그 사람을 장악한 영의 모습일 수 있다고 판단하는 것이 영분별의 기초일 것이다.

사람마다 모두 영들이 있다. 어떤 사람들에게만 특별히 악령이 있어 고통을 당한다고 생각하는데, 그건 착각이다. 존재하는 모든 인간과 만물에는 영들이 있고, 때론 영들이 주체적으로 인간 삶을 이끌어 가는 것이 인간의 실존이기도 하다. 그래서 인간이 자신의 의지를 드리고 하나님께 도움을 청하여, 악한 영으로 인해 악하게 살았던 자기 실존적 삶의 변화를 꾀하려고 피 흘리기까지 노력하는 것이 회개이면서 동시에 영적 전쟁이기도 한 것이다.

이런 관점에서 어떤 목사 직분을 가진 사람이 있다고 하자.

이 목사님은 때마다, 일마다, 예배마다, 집회마다, 강의나 세미나마다 늘 재정이야기, 돈 이야기, 헌금 이야기, 번영 이야기, 하나님께 부(富)를 받는 방법 이야기, 부를 이동시키는 이야기 등 항상 돈에 대한 이야기만 한다. 어떻게 보면, 입만 벌리면 돈 이야기를 하고 있다고 봐도 과언이 아닐 지경이다.

이제 이 목사의 이름을 '돈 목사'라고 칭하기로 한다.

돈 목사는 성도에게 어떻게 하면 돈을 벌 수 있는지, 어떻게 하면 하늘 문을 열고 하나님께 돈의 축복을 받을 수 있는지 그 비결을 말하기도 한다. 자신이 목사가 아닌 집사 시절에도 하나님께서는 자신에게 돈에 대한 요구를 하셨지만 사실 자신은 돈이 없었다고 한다. 그런데 하나님이 강권하셔서 없는 살림에도 더 없는 목사님이나 성도를 도와주었더니 놀라운 기적이 일어나 자신은 물질의 어려움 없이 여기까지 왔고, 목사가 된 지금도 하나님은 항상 다른 목회자를 돕게 하셨는데, 순종했더니 자기가 물질에 어렵게 되었을 때 하나님이 기적처럼 물질을 쏟아부어 주셨다는 간증을 하기도 한다.

돈 목사의 하나님은 늘 돈에 대한 감동을 주시고, 성경도 돈을 받는 비결만 보이게 하시고, 집회 때마다 일마다 때마다 늘 헌금을 내라고 하시고, 그리고 돈으로 다른 이들을 도우라고 하면서 늘 돈 이야기만 하신다. 돈 목사는 매일 돈 이야기 하는 하나님의 음성을 들었기 때문에 늘 돈 이야기를 하는 것이다.

돈 목사의 하나님은 그가 목사가 되기 전 신앙생활을 시작할 때부터 돈에 대한 감동에 헌금에 대한 이야기를 하였고, 목사가 된

후에도 늘 헌금과 재정에 대한 이야기, 돈에 대한 이야기만 하셨다. 그래서인지 돈 목사도 하나님의 뜻에 순종하고 신앙생활 시작부터 목사가 된 지금까지 늘 돈 이야기를 신앙생활의 핵심으로 삼아 온 것이다.

그리고 돈 타령을 하는 것을 정당화하기 위해, 성경을 돈 타령하는데 맞게 자의적으로 해석한다. 부자가 되는 것이 하나님의 뜻이며 축복이며 가난은 하나님의 뜻이 아니라고 한다. 그것을 마치 성경에서 인정하고 있는 것처럼 그럴듯하게 포장하고, 가난한 이들을 돕는 것이 하나님께 꾸어 드리는 것이라는 착한 소리를 가끔 넣어, 돈 타령에 의구심을 갖는 성도를 안심시킨다.

술만 먹는 사람은 알코올 중독의 영, 도박하는 사람은 도박의 영에 사로잡힌 것을 안다면. 돈 이야기만 하는 하나님은 누구이며, 늘 돈 이야기만 하는 일부 목사와 일부 재정 강사의 영은 어떤 것일까.

이제 영분별이 되지 않는가?
돈 이야기만 하는 하나님이 과연 성경의 하나님일까.
아니면 돈 귀신일까.
도박하는 자에게는 보지 않아도 도박의 영이 있음을 알수 있다.

그렇다면 은근히 하든 대놓고 하든, 매일 돈 타령을 하는 목사나 재정 강사에게 역사하는 영이 하나님이었을까. 아님 세상 말로 하면 돈 귀신이 붙은 것일까.

기독교의 하나님은 예수님의 일과, 하나님의 일과, 성도의 온전한 삶에 대해 이야기를 하실 뿐 매일같이 돈 이야기를 하지는 않으실 것이다. 참된 목회자라면 하나님, 예수님, 성령님이 어떤 분인지를 성도에게 가르칠 것이다. 또한 예수님을 따르는 삶과 하나님의 부르심에 합당한 실천적 삶에 대해 가르치고 모범을 보일 것이다.

그런데 허구한 날 재정을 강의하고, 부의 이동과, 헌금과 십일조를 하나님께 돈을 받는 수단으로 가르치는 목사와 재정 강사의 영은, 성령이 아닐 확률이 매우 높다는 것이다.

그러나 교회에서 허구한 날 돈 이야기만 하는 자들에게 실제로 돈이 들어오는 간증이 없다면, 아무도 미혹되거나 속지 않을 것이다. 그래서 이러한 돈 사역자들의 기도나 집회 때 많은 기적적 헌금이나 물질이 들어오는 경우도 있을 것이다.

이들은 이것을 놀라운 부의 이동이라고 하기도 하고, 초자연적 부의 이동이 왔다고 목소리 높여 하나님의 역사를 감격한다.

도대체 이들에게 온 물질은 어떤 영적 이치로 오게 되었을까?

영의 속성은 세 가지다.

① 받아들이면 들어온다

② 비슷한 것은 끌어오고 다른 것은 밀어낸다

③ 약한 영은 강한 영에 조종당하고 종이 된다

이 세 가지 영의 속성을 알게 되면 영들의 행위를 어느 정도 읽을 수 있다.

돈 목사들에게 실제로 돈이 들어왔다면, 위에서 언급한 영의 세 가지 속성으로 인해 일어난 것일 확률이 높다.

즉, 맘몬에게 강하게 사로잡힌 사역자의 영에, 비슷한 영적 성향을 가졌지만 사역자의 영보다 영이 약한 돈 많은 성도의 영이 끌어 당겨지고 조종당하여 물질을 헌납했다고 봐야 하는 것이다.

영적인 것은 같은 공간에 있으면 더욱 강하게 느낄 것이다. 하지만 비록 멀리 떨어져 있어도, 때론 서로 모르는 사이라도, 영의 에너지 파장이 맞는 사람들끼리의 힘의 강약에 따라, 강한 자의 에너지의 파장이 신의 감동으로 가장되어 약한 자가 임하면 영이 약한 자는 강한 자에게 끌려와서 강한 자가 원하는 것을 해 줄 수 있다는 것이다.

강한 자의 영적 에너지 파장이 다른 이에게는 신의 감동으로 가장될수 있다는 것이다. 이게 매우 중요하다. 이것을 알면 "성령이 감동을 주셨다." 혹은 "하나님이 감동을 주셨다."라고 하는 데 속는 것을 줄일 수 있다. 즉, 성령의 감동인 줄 알았던 그 감동이 실상은 영적 힘이 강한 자의 영적 에너지 파장이 만든, 성령의 감동으로 빙자된 조작된 감동일 수 있다는 것이다.

어쨌든 이런 일이 일어나면 사역자는 자신이 하나님의 뜻대로 돈을 심으니까 하나님께서 기적적 축복을 했다고 자랑한다. 돈을 헌납한 성도는 자신의 돈이 도적질당한 것을 알지 못하고, 그저 자신이 헌금을 하게 된 것은 하나님의 뜻에 순종한 것이라고 자족할 것이다.

그러나 영적 실상은 맘몬의 신에게 사로잡힌 목사가 교회 안에서 돈 이야기를 하고 있고, 그자의 강한 영에 끌어당겨진 약한 영을 가진 성도가, 물질을 맘몬에게 바치게 된 것이라고 생각해 볼 수도 있다는 것이다. 말하기 뭐해 맘몬이지, 실상은 돈 귀신에게 갖다 바친 것으로 볼 수 있다. 물론 성도는 자기는 분명 성령에 감동을 받아 하나님께 바쳤다고 착각하게 된다.

평생 고생해 번 돈을 종교 집단의 거짓에 그대로 갖다 바치고도 감격하는 어처구니없는 일이 벌어지는 것이다.

늘 하는 말이지만 세상의 어느 종교에도, 그 종교의 신이 자신의 사제에게 매일같이 돈 이야기를 하는 종교는 없다. 종교의 사제가 매일 돈 타령하는 신의 이야기를 듣는 경우도 없고, 매일 돈에 대한 신의 감동을 받는 경우도 없다. 더구나 사제가 신전 앞에서 신자들에게 매일같이 돈 버는 법을 가르치고, 신에게 돈을 더 받아내는 방법을 가르치는 종교도 없을 것이다. 유독 기독교 일부 교회에서만 이런 일이 벌어지고 있다.

다시 말하지만 어느 종교의 지도자도 자신의 신전 앞에서 매일같이 돈 버는 법, 돈을 끌어오는 법, 부를 이동시키는 법을 가르치지 않는다.

그렇다면 항상 돈에 대한 생각만 하고, 돈에 대해서 말하고, 돈을 갈망하고, 부를 원하며, 헌금과 십일조를 강요하는 목사와 재정 강사의 영을 분별할 수 있지 않겠는가. 그리고 이들을 초청하려고 줄 선 수많은 한국 교회의 일부 목회자들의 영을 분별할 수 있지 않겠는가.

이들의 영이 어찌 성령이길 바라겠는가.

바로 분별이 되지 않는가.

8.
부의 이동은 하나님의 기적인가, 영적 도적질인가

일부 재정 강의를 하는 사람, 혹은 부의 이동을 가져오는 돌파의 기름부음을 이야기하는 사람의 설교나 강의를 들어 보면 늘 돈 이야기다.

그들이 말하는 패턴은 거의 비슷하다.

주의 종이 되기 전 평신도 때 무척 어려웠는데, 하나님이 자기에게 유난히 헌금이나 십일조에 대한 감동을 많이 주셨다는 것. 심지어는 자기는 먹을 것도 없는 경제적으로 어려운 처지였는데, 돈이 조금만 생기면 하나님이 어느 교회 목사님이나 집사님을 도우라고하시는 감동을 주셨다는 것. 혹은 자신은 전혀 알지 못하는 사람을 도우라고 하셨다는 것. 그 감동이 너무 강하게 와서, 자기는 솔직히 그렇게 할 수도 없고 할 수 있는 처지도 아니었지만, 하나님의 강권 때문에 물질을 심었다는 것이다. 그러자 하나님이 기적적으로 자기에게 물질의 축복을 배가해서 주셨다고 하는 것. 그것이 기본 패턴이다.

그리고 이들이 나중에 목사가 되거나 재정 강사가 되어 주의 종의 신분이 되었을 때도 마찬가지다. 하나님은 여전히 이들에게 헌금과 십일조에 대한 감동을 주신다는 것이다. 심지어는 성도를 부자 만들게 하는 것이 자신들의 사명이라고 각심하며 성도가 부자 되려면 심은 대로 거두는 법칙에 따라 하나님께 많이 많이 헌금하여 심으라고 가르친다.

그러면서 극도로 가난했던 성도가 목사인 자기 말에 순종하여 물질로 심고 헌신했더니 하나님이 기적적으로 그 성도의 경제적 삶을 완전히 회복시켰다고 한다. 믿으시면 아멘 하라고 큰 소리로 외친다. 그러면 그곳에 모인 성도들은 한편으로는 부러워하면서 목사의 선창에 따라 함께 아멘으로 화답한다. 그리고 또 헌금하여 물질을 심으라고 한다.

그리고 계속 목사님이나 재정 강사 자신의 간증으로 이어진다.

자신들도 참으로 할 수 없는 가운데 하나님께 물질로 심고 헌신했더니 목사가 되는 축복을 주시어 여기까지 왔다는 것. 목회를 하면서 극도의 어려움 가운데 있을 때도 있었고, 심지어는 돈이 30억 정도가 필요했는데 그 돈이 되지 않으면 교회도 망하고 자신의 사역도 다 망하게 될 지경에 이르렀는데, 하나님이 기적적으로 그 돈을 오게 하여 자신이 지금도 사역하고 있다고 간증을 하고 있다. 그리고 그러한 놀라운 일을 그들은 초자연적 부의 이동 혹은 재정의 돌파의 기름부음이라고 말한다.

이러한 간증은 돈 타령하는 일부 목사와 재정 강사 그리고 그들의 집회에는 고정적으로 나타나는 패턴이다.

그러나 이러한 간증은 둘 중 하나일 것이다.

명백한 거짓말이거나 아님 정말 일어난 일일 것이다.

일단 거짓말일 확률이 높다고 봐야 한다.

그러나 정말 이런 일이 일어났다면 이것을 어떻게 해석을 해야 하는가?

그런 기적을 체험한 목사나 재정 강사는 자신에게 벌어진 놀라운 일에 대해 감격하고, 하나님께 평생을 헌신해야 하겠다고 다짐을 할 것이며, 자신이 하는 사역에 대해 확신을 더욱더 갖게 될 것이다. 또한 이런 사역을 열심히 하는 것이 하나님께 충성하는 일이라고 생각할 것이다. 그것은 지극히 당연한 생각일 것이다.

그러나 한번은 다르게 생각해 볼 필요도 있다.

물론 이러한 기적적 일들에는 하나님이 역사하신 것도 있을 것이다. 그런 일이 아예 없다고 하는 것은 아니다.

그런데 특이한 것은, 왜 재정을 강의하거나 부의 돌파를 원하는 목사나 재정 강사에게 유독 이런 일이 빈번하게 일어나는가 하는 것. 그것도 반드시 생각해 보아야 한다는 것이다.

이러한 관점을 가지고 기적적으로 일어났다는 부의 이동과 재정의 돌파에 대한 영적 해석을 해 보는 것도 좋을 듯하다.

일단 사람의 생각과 말, 행동 그리고 그 사람의 현재 삶의 실존을 보면 그 사람의 영을 대략 분별할 수 있다. 항상 돈 이야기만 하는 일부 목사와 재정 강사의 설교를 들어 본다면, 이들에게 역사하는 영이 하나님이 아니라 돈을 사랑하는 맘몬의 영일 수도 있다는 생각을 해 봐야 한다.

만약 이들에게 역사하는 영이 정말 맘몬이라면 이들은 맘몬의 영 가운데도 매우 강한 맘몬의 영에 사로잡힌 자들이라고 볼 수 있다.

영은 강한 영이 비슷한 성향을 가진 약한 영을 끌어당기기도 하고 조종하여, 영을 조작하기도 하고 환경을 조작하기도 한다. 이것이 영적 원리다.

영을 조작한다는 게 무슨 말인가.

인간으로 존재하나 인간 안에는 영이 있다.

그 영의 힘이 강하면 그 사람은 강한 영을 가진 사람이 되며, 영의 힘이 약하면 그 사람은 약한 영을 가진 사람이다. 이것은 상대에 따라 달라지는 것인데, 인간이 인간을 만나거나 관계가 맺어질 때는 영적으로는 영과 영이 만나게 되는 것이다. 그러므로 강한 영이 약한 영을 조작하거나 조종할 수 있다는 것을 명심해야 한다. 이때 강한 영이 약한 영을 가진 사람의 영에 침입하여 꿈을 조작하거나 감동을 조작하거나 계시를 조작하거나 환상을 조작하거나 은사를 조작할 수 있다는 것이다.

그러므로 우리가 흔히 받는다는 하나님의 감동, 성령의 감동은 강한 영을 가진 어떤 인간의 영으로 인해 내 영이 조작당한 것일 수 있다는 것이다. 이해가 쉽지는 않겠지만 사실이다.

재정 강의를 하는 일부 목사나 재정 강사에게 주어졌던 기적적 부의 이동과 물질의 축복이란 것. 그것은 어쩌면 그 사람들 안에 있는 강한 맘몬의 영이, 그들보다 영이 약한 성도의 물질을 끌어당기는 영적 행위를 한 것일 가능성이 매우 높다고 판단을 해 봐야 한다는 것이다.

그렇다면 이들은 하나님으로부터 초자연적인 놀라운 부의 이동이나 재정의 돌파의 기름부음을 받은 것이 아니다. 맘몬의 영의 꼭두각시가 되어 미혹을 교회에 뿌린 것이다. 동시에 자신들 안에 역사하는 맘몬의 영의 강한 힘으로 인해 다른 성도의 물질을 끌어당기고, 성도의 물질을 영적으로 도적질하여 자신들의 것이 되게 하는 영적 도적질의 죄를 저지른 것일 수도 있다는 생각도 해 보아야 한다.

이들이 말하는 초자연적 부의 이동과 돌파에는 하나님의 역사가 있을 수도 있다는 것을 배제할 수는 없다. 그러나 빈번히 일어나는 이러한 일들은 역설적으로 이들 안에 맘몬의 영이 그들보다 약한 영을 가진 성도의 영을 조작하여 성도의 물질을 가져온, 영적 도적질을 한 것이라는 판단을 하는 것도 정당한 것이다.

목사의 물질을 간구하는 간절한 기도가 다른 성도의 영을 조종하고, 그 성도에게 성령으로 빙자한 감동을 주게 하고, 그 성도의 평생 고생해 모은 돈을 영적으로 도적질하는 일일 수 있다는 것을, 재정을 말하는 목사와 재정 강사들은 명심해야 한다.

하나님이 주셨다고 확신했던 재정의 가르침과 실제로 받았던 재정의 축복이, 만약 맘몬의 영으로부터 다른 성도의 돈을 터는 영적 도적질이었다면. 얼마나 큰 죄악을 저지르고 있는 것인가?

성도 입장에서는 하나님의 감동으로 인한 것인 줄 알고 평생 고생해 번 돈을 하나님께 드리고 감격했는데, 영적 실상은 맘몬의 영에게 성령의 감동으로 영적 조작을 당하여 돈을 도적질당한 것이라면. 땅을 칠 일이 아닌가?

영은 조작할 수 있고 조작당할 수 있다.

이 말을 다른 말로 하면, 인간은 다른 인간에게 조작당할 수 있고 다른 인간을 조작할 수 있는 것이다. 동시에 영들은 인간 안에서 영적인 것들을 조작해 낼 수 있으므로, 하나님의 감동처럼 보이는 것과 하나님의 음성처럼 보이는 것도 얼마든지 조작한다는 것을 명심해야 한다.

솔직하게는, 어떤 물질에 대한 강력한 감동을 받는 것은 거의 성령이 아니라 돈의 영이 감행한 조작이라고 보면 맞을 것이다. 유독 돈 타령하는 교회만 가면 돈을 내야 하는 감동이 오고 음성이 들려온다. 또한 유독 돈 타령하는 목사와 그러한 집회만 가면 물질 감동이 오고 레마가 들려오거나 꿈을 꾼다. 이런 체험을 하면 백프로 성령의 감동과 꿈 계시로 믿게 되지만, 영적 실상은 돈 타령하는 교회와 목사, 재정 강사를 장악한 돈 귀신이 감행한 영적 조작일 가능성이 높다. 그런데 사람들이 이를 성령의 역사로 받아들인다는 것이다. 여기서 다 속아 넘어가게 된다.

성도는 돈 이야기를 많이 하는 목사와 교회에서 받는 물질의 감동이나 음성 그리고 꿈 환상 등은 성령이 주신 것이 아닐 수 있다는 것을 각심해야 한다.

하나님은 성도가 이 땅에서 열심히 살기를 바라시며, 열심히 노력해서 얻은 물질을 선한 청지기로 잘 관리하면서 자신과 가족을 돌보고 삶이 어려운 이웃을 돕는 삶을 살길 원하신다. 매일 하나님 앞에 돈 드리고 하나님 앞에 돈 받아 내려는 신앙 행위를 절대 원하지 않으실 것이다.

물질을 심어야 복 받고, 헌금이 하나님께 돈을 끌어오는 수단이라는 목사나 재정 강사의 가르침을 받을 때 헌금에 대한 강한 영적 감동을 받는다면, 혹은 일부 목사들의 강력한 헌금 강요 후에 헌금을 내야 한다는 강한 영적 감동을 받는다면. 그것은 하나님의 감동이 아니라 그것을 주장하는 교회와 목사안에 역사하는 돈 귀신이 조작한 영적 감동일 확률이 매우 높다. 꿈도 레마도 환상도 다 마찬가지다. 헌금 이야기, 돈 이야기를 많이 하는 교회나 목사를 접한 후 돈에 대한 강한 감동이나 음성, 꿈, 레마, 환상이 나타나면 헌금을 하지 않는 것이 영적으로 더 옳다.

영은 영을 조작하여 하나님인 양 빙자된 것들을 만들어낼 수 있다. 이것을 분명히 알아야 속지 않는다.

9.
십일조와 헌금은 돈을 끌어오는 돌파의 수단인가

십일조란 자기 소산의 십분의 일을 하나님께 드리는 헌금이다. 구약과 신약 성경에 잘 나와 있음에도 불구하고, 성도는 십일조를 왜 내야 하는지 모르면서 내는 경우가 허다하다.

십일조가 성물이라고 하니까 내고, 또 때론 복을 받기 위해 내기도 하고, 성도의 의무라고 하니까 내기도 하고, 안 내면 무슨 화가 올까 봐 내기도 하는 경우를 종종 보게 된다.

그런데 특이한 것은, 성경에서는 십일조를 내는 것도 중요하지만 어떻게 쓰여야 하는지도 말해 주고 있다는 것이다. 교회와 목사님들은 성도들에게 십일조를 열심히 드리라는 설교는 많이 하여도, 십일조의 참된 정신과, 성도가 낸 십일조가 어떻게 사용되는 것이 하나님 앞에 합당한지에 대해 제대로 설명해 주는 경우는 찾아보기 힘들다.

더 심각한 것은, 오늘날 재정과 번영을 말하는 일부 사역자들이, 하나님께 드리는 십일조와 헌금을 마치 하나님께 물질의 축복을 돌려받는 씨앗인 것으로 가르치고 있다는 점이다. 세상에서 말하는 "묻고 떠블로 가!"라는 말처럼, 십일조와 헌금을 열심히 하나님께 바치면 하나님께 축복을 달라고 할 수 있는 청구권이 생긴다는 것. 하나님은 성도의 돈을 받은 만큼 성도에게 철저하게 축복을 해야 하는 의무를 가지신다고 가르치고 있다. 이것을 그들은 재정 돌파의 기름부음 원리라고 가르치고 있다.

'돈 놓고 돈 먹기'라는 말이 생각나지 않을 수 없다.

세상에 어느 종교에서 자기 신에게 돈을 바치고 더 많이 받아내라고 가르칠까? 그런 자가 있다면 아마 그 종교 집단에서 파문을 당하거나, 신성모독의 죄를 물어 돌에 맞아 목숨을 잃을 수도 있을 것이다.

오직 기독교에서만 그런 사역자들이 영성가로 포장되어 버젓이 영성 집회를 하고 있는 것이 작금의 현실이다.

한마디로 하면 대놓고 돈 타령을 하는 것이다.

불교의 스님들은 음력 10월 15일부터 다음 해 1월 15일까지 3개월 동안 외부와 관계를 끊고 참선을 하며 수행에만 전념하는 동안 거를 행한다. 또한 음력 4월 15일에서 7월 15일까지 3개월 간 하안거를 행하며 불교 교리에 충실하며 자기의 도를 닦는 데 최선을 다한다. 그런데 기독교 일부 목사들은 여름이고 겨울이고 시간 가는 줄, 계절 가는 줄 모르고 늘 돈 타령이다.

솔직히 365일이 돈 타령이라고 해도 무방할 정도다.

성도는 십일조가 무엇인지 알아야 하나님께 물질 심어서 배로 받아 내라는, 재정의 돌파 타령을 하는 목사들의 주장이 얼마나 허구인지 알 수 있다.

아는 만큼 분별을 한다는 것이다.

성경 말씀에 주목하며, 성경에 나오는 십일조들을 살펴봄으로써 십일조가 무엇인지에 대한 바른 분별을 갖는 것이 중요하다.

구약 성경에는 가장 먼저 족장들의 십일조가 나온다.

창세기 14장 17~20절에서 십일조가 처음 언급된다. 아브람(아브라함)이 조카 롯을 구하는 과정에서 획득한 전리품의 10분의 1을 살렘의 왕이자 제사장인 멜기세덱에게 바쳤다는, 아브라함의 십일조다. 아브라함의 십일조는 소산의 십일조를 바친 것이 아니라 전리품의 십일조를 바친 것으로, 모세의 율법에서 말하는 십일조가 아니라 당시 고대 근동에서 왕이나 제사장에게 드리는 세금적 성격의 십일조라고 볼 수 있다.

곧이어 야곱의 십일조가 나온다. 야곱이 루스에서 하나님께, 자신을 고향으로 안전하게 돌아오게 해 주시면 하나님을 자기 신으로 삼고 십일조를 드리겠다고 한 십일조다. 야곱의 십일조 역시 모세 율법의 십일조 개념이 아니라 자신을 돌봐 준 신에게 예물을 바치겠다는, 공물적 성격이라고 볼 수 있다.

그리고 430년 후 모세의 율법을 통해 율법의 십일조가 등장한다. 이때 십일조는 레위기 27장 30절, 민수기 18장 21절, 신명기 12장 6~7절, 신명기 14장 28~29절 등에 등장한다. 이 말씀들을 정리하면, 십일조는 세 가지 종류로 분류된다.

첫 번째 종류의 십일조는 레위 사람용이고, 두 번째 종류의 십일조는 가족용이며, 세 번째 종류의 십일조는 이웃 돕기용이다. 이 세 가지 종류를 가지고 십일조 정신을 살펴보면 다음과 같다.

민수기 18장

21 내가 이스라엘의 십일조를 레위 자손에게 기업으로 다 주어서 그들이 하는 일 곧 회막에서 하는 일을 갚나니
22 이 후로는 이스라엘 자손이 회막에 가까이 하지 말 것이라 죄값으로 죽을까 하노라

23   그러나 레위인은 회막에서 봉사하며 자기들의 죄를
      담당할 것이요 이스라엘 자손 중에는 기업이 없을
      것이니 이는 너희 대대에 영원한 율례라
24   이스라엘 자손이 여호와께 거제로 드리는 십일조를
      레위인에게 기업으로 주었으므로 내가 그들에 대하여
      말하기를 이스라엘 자손 중에 기업이 없을 것이라
      하였노라
25   여호와께서 모세에게 말씀하여 이르시되

　

민수기 18장 21절 이하에 나오는 십일조는 레위인에게 주는 십일조
다. 출애굽 이후, 가나안 땅에 들어간 이스라엘 12지파 중 11지파는
하나님께 각각 땅을 분배받아 그 땅의 소산으로 기업을 삼아 생계를
유지하게 된다. 하지만 하나님께 바쳐진 장자 지파인 레위 지파는 땅
을 분배받지 못하므로, 하나님이 레위 지파의 기업이 되어 주신다. 이
때 이스라엘 11지파가 하나님께 드린 십일조를 하나님이 받으시고,
그 십일조를 레위 지파의 생계를 위해 주신다. 이것이 바로 민수기 18
장 21절의 레위인의 십일조다. 그리고 레위 지파는 하나님께 받은 십
일조에서 또 십일조를 떼어 하나님께 드린다. 그러면 하나님이 제사
장들에게 십일조의 십일조를 주신다. 이것이 민수기 18장 21절 이하
의 십일조다. 이것이 첫 번째 종류의 십일조인 레위인의 십일조다.

신명기 12장

6   너희의 번제와 너희의 제물과 너희의 십일조와 너희
     손의 거제와 너희의 서원제와 낙헌 예물과 너희 소와
     양의 처음 난 것들을 너희는 그리로 가져다가 드리고

7   거기 곧 너희의 하나님 여호와 앞에서 먹고 너희의 하나님
     여호와께서 너희의 손으로 수고한 일에 복 주심으로
     말미암아 너희와 너희의 가족이 즐거워할지니라

신명기 12장 6~7절의 십일조는 절기 행사 때 바치는 십일조다.
하나님 앞에서 가족들과 함께 먹고 즐기며 하나님께서 내려 주신
축복에 감사하고 기뻐하라는 십일조다. 이 십일조는 두 번째 종류
로, 가족용 십일조다.

신명기 14장

28   매 삼 년 끝에 그 해 소산의 십분의 일을 다 내어 네
     성읍에 저축하여

29   너희 중에 분깃이나 기업이 없는 레위인과 네 성중에
     거류하는 객과 및 고아와 과부들이 와서 먹고 배부르게
     하라 그리하면 네 하나님 여호와께서 네 손으로 하는
     범사에 네게 복을 주시리라

이 십일조는 삼 년에 한 번씩 십일조를 모아서 마을에 함께 사는 외국인, 고아, 과부, 레위인들이 마음껏 먹도록 잔치를 하라는 것이다. 이 십일조는 세 번째 종류의 십일조라고 부르며, 이는 이웃용 십일조라고 할 수 있다.

이처럼 모세의 율법에서 규정된 십일조는 하나님께 땅을 기업으로 받은 이스라엘 11지파가 소산의 십분의 일을 하나님께 드리면, 하나님은 그들의 십일조를 받아 기업이 없는 레위인에게 주시고, 또 절기나 행사때 함께 즐기는 가족들을 위해 사용하고, 안식년을 기준으로 삼 년마다 한 번씩 십일조를 모아 이웃을 위해 사용하게 하신 것이다.

그리고 주목해서 알아야 할 것이 있다. 하나님은 7년마다, 또는 가뭄 혹은 기근으로 이스라엘 백성에 삶에 문제가 생기면 십일조를 거두지 말라고 하셨다는 것을 알아야 한다.

그리고 논란의 대상인 말라기서 3장의 십일조가 있다.

말라기 3장

8   사람이 어찌 하나님의 것을 도둑질하겠느냐 그러나 너희는 나의 것을 도둑질하고도 말하기를 우리가 어떻게 주의 것을 도둑질하였나이까 하는도다 이는 곧 십일조와 봉헌물이라

9   너희 곧 온 나라가 나의 것을 도둑질하였으므로
     너희가 저주를 받았느니라
10   만군의 여호와가 이르노라 너희의 온전한 십일조를
     창고에 들여 나의 집에 양식이 있게 하고 그것으로
     나를 시험하여 내가 하늘 문을 열고 너희에게 복을
     쌓을 곳이 없도록 붓지 아니하나 보라

사람이 하나님의 것을 도둑질하였는데 하나님의 것이 바로 십일
조와 헌물이라고 책망하는 구절이다. 즉 이스라엘 백성이 하나님
의 것인 십일조와 헌물을 도둑질했다는 것이다. 그런데 여기서 백
성이란 일반 백성을 말하는 것이 아니라, 십일조를 관리하고 분배
하는 책임을 맡은 제사장을 말하고 있는 것이다. 이스라엘 백성이
하나님께 드린 십일조와 헌물을 레위인에게 주지 않고 착복하는
제사장들의 대한 책망의 말씀이 말라기서 말씀인 것이다.

그리고 신약 성경으로 가서 마태복음 23장이다.

마태복음 23장

23   화 있을진저 외식하는 서기관들과 바리새인들이여
     너희가 박하와 회향과 근채의 십일조는 드리되 율법의

더 중한 바 정의와 긍휼과 믿음은 버렸도다 그러나
이것도 행하고 저것도 버리지 말아야 할지니라

이 말씀은 바리새인의 위선을 책망하는 말씀이다. 당시 종교 지도자인 바리새인이 박하와 회향과 근채의 십일조라는 율법의 형식은 철저히 지켰지만, 정의와 믿음 그리고 긍휼이라는 율법의 정신은 철저히 버린 위선을 지적하신 것이다. 약대는 삼키고 하루살이는 걸러 내는 종교 지도자들의 위선을 책망하신 것이다.

예수님이 말씀하신 마태복음 23장 23절이, 구약에서 십일조가 나오는 마지막 구절이 된다.

십일조의 결론은 한마디로, 자신이 하나님께 받은 기업에서 얻은 소산의 재분배를 하는 것이다.

땅은 하나님의 것인데, 하나님께서 이스라엘 11지파에게 땅을 기업으로 주셨다. 그리고 레위 지파를 하나님의 것으로 받으셨다. 레위 지파에게만 땅을 주지 않고 하나님이 직접 레위 지파의 기업이 되어 주신다.

따라서 십일조란 땅을 받은 이스라엘 11지파가 땅을 주신 하나님께 땅에 대한 임대료 격으로 소산의 십일조를 내는 것이다. 그러면 땅 주인이 되시는 하나님께서 11지파가 낸 십일조를 받으시고, 하나님이 기업이 되어 먹여 살려야 하는 레위 지파에게 주시는 것이다. 그리고 레위 지파는 하나님께서 주신 십일조를 받아 거기에 또 십일조를 떼어 다시 하나님께 드린다. 하나님은 레위 지파가 낸 십일조를 제사장에게 준다. 결국 이스라엘 지파의 십일조는 레위 지파, 십일조를 낸 사람과 그 가족들 그리고 가난한 사람들과 이방인들을 축제에 참여하게 하고, 가난한 삶을 구제하게 하는 기능을 하는 것이다.

이것이 성경의 십일조다.

이를 달리 정리하면, 하나님이 나에게 주신 재물은 하나님이 나에게 맡겨 주신 것이므로, 나는 그 재물의 십의 구조만 쓰고 십의 일조를 하나님께 임대료 격으로 드리는 것. 그러면 하나님은 기업이 없는 사역자와 십일조를 낸 사람과 가족들 그리고 가난한 이들에게 주어 그 물질로 함께 먹고살 수 있게 해 주시는 것이다. 다시 말하면 기독교식 부의 재분배가 바로 십일조 정신이다.

성도는 하나님이 정하신 십일조를 제대로 냄으로써 하나님의 뜻을 따르는 하나님의 백성임을 실천적 신앙으로 보인다. 동시에 성도가 낸 십일조는 가난한 사역자나 지역의 가난한 자들에게 재분배되어 모두 경제적으로 함께 살아갈 수 있게 된다. 그럴 때야 비로소 그 십일조가 바로 온전한 십일조가 되는 것이다. 그리고 이렇게 십일조가 온전히 드려질 때, 하나님이 이러한 십일조에 축복하시는 것이다.

따라서 십일조를 한마디로 정의하면 기독교식 부의 재분배다.

그런데 집회 때 "돈이여 오라." 하며 돈다발 흔드는 외국에서 온 목사들과, 물질 축복, 재정 축복을 외치는 한국의 일부 목사들은, 십일조를 부자가 되는 복채와 복권으로 전락시키고 있다.

십일조의 정의와 정신을 바로 알면, 재정의 돌파를 외치며 십일조와 헌금을 많이 할수록 하나님이 돈을 쏟아부어 준다고 외치는 자들이 얼마나 비성경적이고 물질적 탐욕으로 가득한 자들인지 분별할 수 있다. 심지어는 성전에서 하나님께서 돈 주신다고 돈다발까지 들고 흔들며 외친다.

살다 살다 별짓을 다 보고 살고 있는 것이다.

이 세상에 자기가 믿는 신에게 돈을 바치면 그 신이 돈을 더 준다고 외치는 종교와 종교 지도자가 어디에 있는가. 혹시 이들이 맘몬의 영에 사로잡힌 것 아닌가 싶다. 그러나 그들이 숭배하는 맘몬도 맘몬의 사제들에게 돈을 많이 바치면 돈 더 준다는 소리는 안 할 것이다. 맘몬의 사제들도 맘몬의 신전에서 돈다발을 흔들며 부와 재정의 돌파 기름부음, 초자연적 부의 이동을 외치지는 않을 것이다. 이를 보면 지금 한국 기독교 일부에서 들려오는, 헌금과 십일조를 열심히 하면 하나님이 물질과 재정을 흘러넘치도록 채워 준다는 말이, 비기독교적인 것을 넘어 이교에서도 볼 수 없는 그악스런 일임을 알 수 있다.

세상에는 야바위꾼들이 있다. 한마디로 돈을 내고 알아맞히면 돈의 몇 배를 돌려주고, 못 알아맞히면 판돈을 야바위꾼들이 갖는 것이다. 야바위꾼들은 돈을 벌기 위해 야바위판을 조작하여 구경꾼들의 주머니를 턴다. 돈 놓고 돈 먹기를 하였는데 교묘하게 속여서 돈을 터는 자들을 야바위꾼이라고 한다.

지금 일부 교회에서 목사들과 재정 강사들이, 십일조와 헌금을 열심히 하나님께 드리면 하나님께서 받으신 헌금과 십일조를 수배로 되갚아 주신다고 한다. 물질을 심은 대로 거두되 배로 거둔다는 재정 강의와 재정의 돌파를 외치며, 실질적으로는 교묘하게 헌금을 강요하고 그 이익을 자기들의 갖는 일이 벌어지고 있다.

성도는 이런 곳에 가 봤자 종교 야바위꾼들에게 주머니만 털릴 것이다. 정말 복을 받고 싶으면 하나님의 말씀대로 사는 법을 하루라도 실천하며 살아 보자.

누가복음 16장

13 집 하인이 두 주인을 섬길 수 없나니 혹 이를 미워하고 저를 사랑하거나 혹 이를 중히 여기고 저를 경히 여길 것임이니라 너희가 하나님과 재물(맘몬)을 겸하여 섬길 수 없느니라

10.
헌금을 많이 내는 것이 사도적인가

1960~1990년대 초까지는 "성령 충만", "은사 충만"이라는 표어가 주류였다. 그런데 1990년대 이후부터 2021년 지금까지는 "성령의 기름부음" 혹은 "은사의 기름부음", "○○영, ○○영의 기름부음", "돌파의 기름부음" 등 '기름부음'이라는 말이 기독교의 주류가 되었다. 성도라면 어느 누구도 예외 없이 기름부음이라는 말을 습관처럼 하는 것을 볼 수 있다. 물론 극소수의 사람은 하지 않는다.

나도 하지 않는다.

특히 일부 기독교 집회에서는 "돌파의 영" 혹은 "돌파의 기름부음" 그리고 "돌파의 임파테이션", "돌파의 원리" 등이 이야기되어진 지 오래다.

돌파를 외치는 사람들은 사단으로부터 점령당한 모든 것을 되찾기 위해 돌파의 기름부음을 받아야 한다고 주장한다. 그리고 예로 드는 것이 힘과 능력, 부요와 번영을 얻기 위해 그리고 지혜와 존귀와 하나님 나라의 확장 등을 위해 돌파의 기름부음을 받아야 한다고 주장하는 것이다.

또 물질을 회복하고 부를 이동시키기 위해 돌파의 기름부음을 받아야 한다고 하면서, 물질을 회복하고 부를 이동시키기 위한 돌파의 원리로 헌금을 하나님께 많이 심어야 한다고 가르치고 있다.

그들은 사도적 사람들은 돌파를 할 수 있다고 주장한다. 그들이 말하는 사도란, 예수님이 택하여 예수가 그리스도라는 것과, 그분이 십자가에서 죽으시고 부활하셨다는 것과, 하나님의 나라를 세우고 성도의 신앙의 성장을 돕는 존재로서의 사도가 아니다. 돌파를 외치는 자들이 주장하는 사도는 '관용을 베푸는 자'라고 한다.

그런데 그들이 말하는 '관용'이 너그럽게 용서하고 누군가를 돕는다는 의미가 아니다. 자신의 재물을 하나님께 즐거운 마음으로 드리는 것을 관용이라고 하고, 그런 자를 사도라고 하는 것이다.

이들이 관용을 베푸는 자를 사도라고 칭하는 것은 사슴을 가리켜 말이라고 하는 지록위마의 어처구니없는 행태가 아닐 수 없다. 이들에게 사도는 하나님께 헌금을 많이 하는 사람이 사도라는 것이다.

그들은 사도행전 4장 35절을 예로 들면서 초대 교회 사람들은 하나님께 모든 것을 바쳤다고 말한다. 말라기 3장 8~12절을 들며 하나님께 십일조를 열심히 하고 난 후 하나님이 축복을 하시는지 안 하시는지 시험해 보라고 한다.

그러면서 이들은 마치 다단계에서 사람들을 끌어들이고 확신을 갖게 하기 위해 성공 신화를 말하는 것처럼, 십일조를 했던 어떤 사람이 하나님께 엄청난 물질을 축복으로 받았다는 간증을 한다. 또한 무신론자가 속는 셈 치고 십일조를 했더니 하나님은 당신이 하신 약속을 지키기 위해 십일조를 한 무신론자를 거부(巨富)로 만들어 주었다는 간증을 하는 경우를 보게 된다.

십일조의 본질은, 나의 소산은 하나님의 주신 것이므로 하나님의 것임을 고백하고 소산에 십분의 일을 하나님께 드리는 예물이다. 그러면 하나님은 내가 드린 십일조를 받으시고, 그 십일조를 레위인과 가난한 이들에게 나누어 주심으로 가난한 사역자와 이웃을 돕는 구제와, 부의 재분배를 이루는 것이다. 그것이 십일조의 본질인데, 목사 직분을 가진 자가 십일조와 헌금에 대해 바르게 알고 바르게 가르칠 생각은 안 하고, 오히려 십일조와 헌금을 하나님께 돈을 받아 내는 수단으로 삼는다. 십일조와 헌금을 하나님께 바쳐서 하나님께 넘치게 받는 것이 물질의 돌파의 원리라고 가르치고 있다.

하나님께 헌금과 십일조를 드리고 '묻고 떠블로' 얻으라는 것이다. 그러면 예물을 드린 성도는 하나님께 복과 물질을 요구할 권리를 갖게 되고, 하나님은 성도에게 예물을 받았으니 복과 돈을 성도에게 되갚아 주실 의무가 생긴다는 것이다.

세상에 어느 종교의 신이 자신의 성도들이 바친 예물을 받고 그 예물에 꼼짝 못 하는 신세가 되어 받은 돈을 배로 돌려주어야 하고, 거기에 더해 성도의 자식까지 그리고 성도의 삶에 모든 것을 책임진다는 말인가?

이들은 더 나아가 하나님이 직접 말씀하셨다면서 하는 말이, 돈을 바치면 하나님이 영계를 열어 주신다고 하였다고 한다. 인간이 돈을 바치면 하나님은 십일조와 헌금을 한 그의 삶을 모든 것을 완전히 보장해야 할 의무를 갖게 되고, 돈도 부어 주시고, 심지어 영계까지 열어 주신다는 것이다.

이것은 하나님께 헌금과 십일조를 드리고 고리로 받아 내자는, 고리대금업을 하자는 소리와 다름이 없는 소리다. 이것이 정녕 목사 직분을 가진 자가 외치는 돌파의 기름부음인지 묻지 않을 수 없다.

돈을 갈망하는 목사들이 하는 주장은, 돈을 바치는 자가 사도이며, 헌금과 십일조로 대표되는 돈을 열심히 바치면 하나님이 영계를 여시고 온갖 축복을 부어 주신다고 하는 것이다. 이는 면죄부를 사면 죄가 사하여져 천국에 갈 수 있다며 면죄부를 팔았던 타락한 자들과 무엇이 다른가. 산 자가 돈을 내고 미사를 드리면 죽은 가족을 연옥에서 나오게 하거나 천국에서 편히 살게 할 수 있다고 하면서 돈을 바치게 하고 미사를 봉헌하는 것과 다를 게 무엇인가.

심지어는 죽은 조상을 좋은 곳으로 가게 해 달라고 하면서 스님에게 돈을 주어 49일 동안 제사를 드리면 염라대왕이 그 돈과 예물을 받아먹고 죄 많은 조상을 좋은 곳으로 보내 준다는, 불교의 49재와 천도재와 다를 것이 무엇인지 말해 보라고 하고 싶다.

돈으로 신을 조종하고, 인간이 돈으로 신의 능력을 사고, 신의 돈마저 받아 내고, 더 나아가 신의 약속과 축복을 산다는 이러한 논리는, 마귀들의 세상에서도 자주 들을 수 없는 지극히 마귀적인 이야기라고 하지 않을 수 없다.

돈으로 성령을 사려고 했던 마술사 시몬과, 돈으로 하나님을 묶어서 자기가 얻고 싶은 모든 것을 얻어 내는 돌파를 시도하자는 이들이 과연 무엇이 다른가.

이런 종교 지도자들은 전 세계 어디에도 없다.

하나님을 돈에 팔린 노예로 만들어 버린 자들……

이들이 목사의 직분을 가지고 교회에서 여전히 같은 소리를 하고 있다.

그런데 이상한 일은, 성도들은 이러한 목사들의 말에 아멘으로 화답하고 있다는 것이다. 한국 교회 수많은 목사들이 자기 교회에 이런 자들을 초청하여 재정 강의나 부의 돌파의 기름부음 집회를 열고 있다는 것이다. 심지어 때로는 재정 집회를 열기 위해 번호표 받고 기다리고 있다는 것이다.

이러한 주장을 하는 사역자들은 집회 때마다 오직 돈 이야기밖에 안 한다. 말 그대로 하루 종일 돈 이야기다. 말이 헌금과 십일조지 한마디로 말하면 돈 좀 많이 갖다 바치라는 것이다. 그런데 그냥 달라고 하면 아무도 낼 사람이 없으니까 잘 내는 자는 사도적이고, 돈을 많이 내면 하나님이 돈을 부어 주시고 삶의 모든 것을 책임져 주신다는 기이한 말로 성도의 영혼을 호리는 것이다.

영계는 인간의 돈으로 좌우되지 않는다. 만약 좌우되었다면 거지 나사로는 지금도 영계에서 헌데를 핥으며 거지일 것이고, 부자는 지금도 천국에서 매일 연락(宴樂)을 즐길 것이다.

하나님께 헌금과 십일조를 많이 내는 것이 사도적 삶이고, 사도적 삶을 실천하는 자들이 하나님께 부와 축복을 얻어 내는 돌파의 기름부음을 받은 자들이라고 가르치는 것은, 인간의 경제적 어려움과 기복에 대한 욕망을 이용하는 것이다. 그래서 자신들의 부와 권력을 종교 안에서 만들고자 하는 맘몬 신의 종들의 외침일 뿐이다.

어쩌면 맘몬 신도 일부 기독교 목사들이 하는 돈 타령에는 신물이 날 것이다.

거짓 사역자의 돈 타령, 그리고 그런 사역자를 초청하여 성도에게 소개하는 목사들, 그리고 아멘으로 화답하는 성도들…….

왜 이러한 일들이 벌어졌을까.

헌금과 십일조를 많이 내는 것이 사도적이며, 이를 실천함으로 영계를 열고, 하나님께 따따블로 돈을 받아 내고, 다른 축복도 받아 낸다고 주장하는 그런 자들. 겉은 목사이나 사실은 돈에 대한 탐심으로 가득한 탐욕의 영에 장악당한 세속적 인간일 뿐이다.

탐욕의 영을 가진 자가 교회로 들어와 목사의 옷을 입고, 자칭 사도의 관을 쓰고 하나님과 성경을 변개하며 기독교 신자의 주머니를 돌파하여 턴다. 기독교 신자의 신앙을 부패할 대로 부패시키고, 타락할 대로 타락시키고 있다. 이에 동참한 성도들은 돈에 대해 돌파하여 재정의 부흥을 가져오려고 하다가 그나마 없는 자신의 주머니도 털리고, 신앙도 엉망이 되는 결과를 초래하는 것이다. 그것이 이 일련의 과정의 결국일 것이다.

성도 역시 불의를 사랑한 값을 치르는 것이다. 결국 거짓 목사가 돌파하는 것은 성도의 영혼과 주머니의 쌈짓돈이며, 성도는 돈을 끌어오는 비법을 배우고 실천하기 위해 열심히 헌금하다가 결국 악한 자들의 주머니를 채워 주는 미련한 짓을 한 것이다. 결국 자기 영혼과 쌈짓돈이 악한 자에 의해 돌파당한 것이다.

선악과가 무엇인가. 신과 인간의 경계가 선악과다. 즉, 인간이 신의 경계를 넘어서면 안 된다는 것이며, 넘으면 죽는다는 것이다. 그런데 하나님께 십일조를 바치고 헌금을 바치면 영계가 돌파되어 하나님의 약속하신 복을 받을 수 있다고 하는 것은, 선악과를 따먹고 신이 되라고 했던 사단의 주장과 다를 바가 없다. 나아가 헌금과 십일조 등 돈을 열심히 내고 영계를 돌파하여 하나님께 더 많은 돈을 받아 내라는 이들의 주장은, 현대판 선악과인 돈을 따먹으라고 부추기는 사단의 음성과 다를 것이 없다.

이러한 자들이 교회와 성도를 어떻게 미혹하는지 영적 분석을 하는 것은 유익할 것이다.

먼저 이러한 거짓 목사는 하나님의 종이 아니라 돈을 탐하는 탐욕의 영에 사로잡힌 자다.

그리고 이 목사들을 사로잡은 탐욕의 영은 아주 강한 영이다. 그래서 그 목사는 그 영이 주는 생각과 마음을 하나님으로 착각하고 전하고 있고, 그 탐욕의 영이 이 목사를 장악하여 집회도 주관한다. 하나님의 종의 탈을 쓰고 성도를 미혹시키고 있으며, 그 영이 그 집회에 참석한 성도의 영들을 조작하며, 마치 하나님이 헌금을 요구하는 것 같은 감동과 환상 그리고 꿈을 조작하여 그 집회에 물질을 바치게 만든다.

그러면 성도는 그러한 일련의 영적 과정을 하나님이 성도에게 주신 감동과 환상, 꿈이라고 착각하고 물질을 기꺼이 바친다. 오히려 감격하고 헌금을 바친다.

그런 후 대다수 성도들은 아무 소득 없이 집으로 돌아가지만 영리한 탐욕의 영은 그중에 한 사람을 택하여 치유를 해 주거나 재물을 주면서 다음 간증거리를 만든다. 동시에 자기들의 탐욕을 가리기 위해 그 물질을 받아 가난한 이웃을 도움으로, 하나님의 뜻을 실현하자고 적당히 옳은 소리를 한다. 탐욕에 물 타기를 통해 자기의 미혹을 포장하고, 다음에 또 미혹을 할 수 있는 근거를 만든다.

여기에서 사람들이 모두 속는 것이다. 그러나 탈탈 털어 헌금했던 대다수는 어제나 오늘이나 변함없는 어려운 삶 속에 그저 살게 된다. 탐욕의 영과 거짓 목사의 주머니만 배부르게 된 것이다.

그 집회에 참석한 기독교 신자들은 자기 욕망에 끌려, 탐욕의 영이 주는 가르침과 감동을 하나님으로 속아서 자기 주머니가 돌파당하여 털렸다. 하지만. 그럼에도 불구하고, 오늘 심은 물질로 인해 하나님이 언젠가 반드시 물질 축복으로 갚아 주실 것이라고 기대하고 산다. 그 성도 역시 불의를 사랑하였기 때문에 속는 것이므로 자업자득이라 어쩔 수 없는 일이다.

이것이 탐욕의 영이 행하는 미혹의 영적 과정이다.

인간의 욕망과 갈망 그리고 문제 해결은 사단이 하나님으로 포장하여 역사하기 가장 좋은 먹잇감이다. 문제 해결을 위해 표적을 구하는 신앙에는, 하나님과 성령의 가면을 쓰고 미혹의 영이 서성거리고 있다고 분별하면 틀리지 않을 것이다.

소위 사도적 돌파, 즉 헌금과 십일조를 하나님께 하면 하나님이 영계를 열어 성도에게 복을 부어 준다는 이 돌파의 헌금과 십일조 타령. 그것은 하나님께 드리는 거룩한 십일조와 헌금을, 복을 부르고 재앙을 막는 부적으로 만들어 버렸다. 이 악한 자들이 헌금과 십일조를 부적과 복채로 만들어 버린 것이다.

이들로 인해 기독교는 예수님의 삶을 따르는 종교가 아니라 돈을 많이, 그리고 더 받기 위해 하나님께 돈을 바치는 재정의 돌파의 종교가 되어 버렸다.

이들에게 헌금과 십일조는 성도의 경건한 신앙행위가 아니라 하나님께 더 돈을 받아 내는 마중물일 뿐이다.

하나님은 어떤 사술이나 주문 혹은 비술에도 조종당하지 않으신다. 동시에 돈에 의해 좌우되거나, 돈에 팔려 돈 가치에 따라 그 값을 해 주는 분이 아니시다. 그런데 성도가 거짓 목사의 가르침에 따라 돈으로 돌파하여 복을 받고, 돈을 더 받으려고 하나님께 헌금을 한다면. 그 헌금은 하나님이 받으시는 것이 아니라 탐욕의 영에게 바치는 것이다. 탐욕의 영을 가진 거짓 목사와 그 교회에 바치는 것이다. 그러므로 많은 헌금과 십일조를 드린다 해도 이러한 행위는 돈으로 하나님의 부를 사려고 행동한 죄로 인해 돈은 돈대로 사라지고 심판과 진노를 받게 될 것이다.

하나님을 경외하는 자는 이 땅에서 하나님이 주신 자신의 삶을 겸손함과 성실함으로 살아가고, 하나님께서 주신 물질을 청지기적 태도로 관리하는 것이 바른 삶일 것이다. 그리고 남는 것은 이웃을 위해 구제하며 부의 재분배를 행하는 것이, 진정 하나님의 뜻에 합당한 헌금과 십일조 생활을 하는 것이다. 이것은 하나님께 무엇을 받아 내기 위해 하는 것이 아니라, 성도의 마땅한 본분인 것이다.

오늘도 한국 교회에 어디에선가는, 성도에게 헌금과 십일조로 하나님을 좌우하여 복을 끌어오고 재앙을 막으며 돈도 끌어내자는

기이한 일이, 교회와 목사 그리고 성도에게서 믿어지고 행해지고
있다. 그리고 하나님께 헌금과 십일조를 잘 바치는 것이 사도라고
가르치는 일이 벌어지고 있다. 사기도 적당히 쳐야 하는 것이다.
그런데 기이한 일은 성도들이 이러한 사기극에 아멘하며 화답한다
는 것이다.

20년 후에 기독교는 어떤 모습일까 심히 염려되지 않을 수 없다.

11.
이적에 대한 바른 분별

영은 인간에게 자기의 실존을 드러낼 때 많은 영적 현상을 일으킬 수 있다. 이적은 영들이 세상의 원리를 초월하여 일으키는 역사인 동시에 인간에게 영이 임했을 때 나타날 수 있는 현상의 하나다.

예수님도 이적을 통해 하나님 나라를 증거하셨다. 이적이 없었다면 당시 종교적 교리와 충돌되는 예수님의 주장을 믿고 따를 사람들이 거의 없기 때문에 이적을 행하신 것이다. 그런데 문제는 마귀도 이적을 통해 그의 나라를 확장할 수 있다는 것이다.

마귀의 이적이 당연하게 마귀의 이적 상태로 나타나거나 마법

영적 현상학으로 해석하는 영분별 이야기

집단의 종교의식에서 나타난다면, 사람들은 마귀의 이적에 대해 두려움을 갖고 분별할 수 있을 것이다.

그런데 상당수의 기독교 신자들은, 하나님은 뭐든지 다 하실 수 있다고 생각을 한다. 그러나 그것을 입증해 줄 이적과 은사들을 통해 마귀가 은밀하게 역사할 수 있다는 생각을 하지 못한다. 오히려 마귀는 기독교 신자의 그러한 믿음을 파고들어 교묘하게 성령으로 가장하여 역사한다. 그러므로 이적에 대한 바른 분별이 정말 필요하다.

하나님은 하나님의 뜻과 하나님이 창조하신 세상의 원칙으로 인해 무엇이든 다 하시지 않는다.

이것이 참 중요하다.

이적을 분별할 때 항상 마음에 두어야 하는 것은, 하나님은 하나님이 창조한 세상에 피조물을 만들었고 동시에 원리와 법칙도 만들었다는 것이다. 그래서 하나님도 하나님이 정한 세상의 원칙과 법칙으로 인해 무엇이든지 다 하시지 않는다는 것을 알아야 한다.

하나님의 이끄심은 이 세상에 있는 것들을 이용해 하나님의 뜻대로 이끌어 가는 것이 대부분이다. 그러한 인도하심 속에 필요에 따라 가끔 이적과 표적을 나타내실 때도 있다. 그러나 마귀는 사람들을 미혹하기 위해 언제든지 무슨 짓이든 다 할 수 있다는 것,

그 이적을 하나님인 것처럼, 성령의 역사인 것처럼, 그리고 예수님의 말씀인 것처럼 속일 수 있다는 것이다.

사람들은 자신이 믿는 신의 이름으로 행해지는 이적과 기도 응답이라는 수단을 통해 마귀에게 가장 쉽게 속을 수 있다. 마귀의 궤계에 가장 쉽게 말려들어 그 종이 될 수 있다. 그것은 마치 귀신이 조상으로 가장하여 그 집의 영적 주인 노릇을 하며 제사를 받아먹고, 그 집안에 편안하게 오래 안전하게 거할 수 있는 것과 마찬가지다. 귀신이 조상 행세를 안 했다면, 어느 집에서 귀신에게 때마다 제사를 드리고 절하고 공경하겠는가.

그래서 귀신은 조상으로 속여서 한 집을 영적으로 완벽하게 장악하는 것이다. 이처럼 마귀는 사람의 가장 약한 부분을 이용하여 사람을 속이고 장악한다. 사람을 마귀 목적의 대상으로 삼아 파멸시킨다. 그래서 나의 가장 원하는 것이 마귀가 가장 좋아하는 것일 수 있고, 내가 가장 좋아하는 것이 마귀가 던진 미끼일 수 있으며, 내가 믿는 종교의 여러 가지 믿음 행위와 이적과 표적이 마귀가 놓은 덫일 수 있다는 것을, 항상 분별해야 한다.

이적에 대한 확실한 분별을 위해 알아야 할 것은, 이적은 평생한 번 일어날까 말까 하다는 것이다. 그리고 그것은 영적 존재에 의해 나타나기에, 성령인가 악령인가에 대한 분별만 하면 되는 것이다.

날마다 하나님의 임재를 구하면서 이적과 표적이 나타나길 기도하는 기독교 집회에서 이적적으로 보이는 행태들. 그것은 이적이 아니며 종교 퍼포먼스에 불과하다고 하는 것이 정확한 진단일 것이다. 그리고 설령 이적이 나타났다고 해도 그 이적이 거의 가짜라고 보면 분별을 쉽게 할 수 있다.

그리고 실체 없이 이적에 대한 소문만 무성하거나 이적 같지 않은 것을 이적으로 포장하여 사람과 돈을 탐하는 종교 모리배들이 너무 많다는 것을 경계해야 한다.

그러므로 성도는 자신의 영적 성향을 잘 살펴보고 신앙을 절제하지 않으면 미혹당하는 것은 시간문제다. 하지만 그것은 본인 책임이며 누구도 책임져 주지 않는다.

하나님이 허락하시는 이적이란 간헐적이라는 것. 그 이적을 통해 성도의 일상의 믿음이 성장하고 일생이 신앙의 반석 위에 세워지기를 바라신다는 것. 하나님의 자녀가 온전한 삶을 살기 원하시기 때문에 이적을 허락하시는 것이다.

또한 이적에 대한 영분별은 이적이 일어난 후에 열매를 통해 이적의 바른 영분별을 해 볼 수 있다. 이적 이후에 그 사람의 성품이 하나님이 원하시는 성품으로 변화되었는지 살펴보아야 한다. 즉,

이적을 체험했다는 사람의 열매를 보아야 한다는 것이다.

4복음서에서 예수님이 보여 주신 수많은 이적들은, 예수님이 하나님의 아들이심을 나타내심이다. 동시에 수많은 사람들이 예수님을 믿고 성령의 도우심으로 그들의 삶이 믿음의 반석 위에 서게 하기 위함이었다. 그리고 삶이 좋은 열매를 맺을 수 있게 하는 이적이었다는 것이다.

이적을 사모하는 것은 나쁜 일은 아니다. 하지만 평생에 한 번 있을까 말까 한 이적을 구하는 삶보다는, 사람 사는 세상에서 사람답게 살려고 노력하고 사는 삶이 차라리 내 삶에 온전한 열매를 줄 것이다.

이적을 사모하는 것보다 지금의 내 삶의 모습이 예수님이 원하시는 삶인지 회개하고, 그러한 삶을 살아가려고 노력하는 것이 좋다. 그러면 훗날 후회 없는 삶을 살았다고 자신을 위로하게 될 것이다.

12.
성령춤의 본질과 위험성

은사집회, 성령사역이라고 하는 집회를 가 보면 예언, 방언, 축귀, 기름부음, 임파테이션 사역 등이 단골 메뉴로 진행된다.

그런 집회들에서 보게 되는 건 이런 모습들이다. 기름부음이 임했다고 하면서 쓰러지는 사람, 뒹구는 사람, 손을 흔들며 방언찬양을 하는 사람, 계속 빙글빙글 도는 사람, 그러다 지치면 쓰러져 울거나 웃는 사람…….

그런데 문제는 뒹구는 사람은 늘 뒹굴고, 쓰러지는 사람은 늘 쓰러져 누워 있고, 손을 흔들고 방언찬양을 하는 사람은 늘 손을 흔들며 방언찬양을 하고, 웃는 사람은 늘 웃고, 우는 사람은 늘 울고, 술 취한 듯이 비틀거리는 사람은 늘 비틀거리고, 빙글빙글 도는 사람은 늘 빙글빙글 돈다는 것이다.

집회 때마다 부흥 강사가 바뀌어도 항상 그런 모습이라는 것이다.

이것이 과연 성령이 임재한 모습인가.

아니면 습관적 감정의 해원 아닌가.

그런데 이러한 집회에서 일부 성도 가운데 '성령춤'을 추는 사람들이 있다. 그들은 성령이 임하여 춤을 추는 것이라고 하며 몰아지경이 되어 춤을 춘다. 심지어 어떤 교회에서는 사역자가 성령춤을 추기 시작하면 성도들이 따라 춘다. 잠시 후 집회 참석한 성도 대부분이 사역자를 따라 성령춤을 추는 것을 심심찮게 보게 된다.

목사님도, 성도도 군무처럼 성령춤을 춘다.

이 사람들은 자기들이 추는 춤을 성령에 취해 추는 성령춤이라고 한다. 생각해 볼 것은, 불교에서 스님들이 승무를 추는 경우 자기들이 추는 춤을 부처춤 또는 관세음보살춤이라고 하지 않는다는 것이다. 그런데 기독교 집회에서 춤을 추면 유독 성령춤이라고 이름을 붙인다는 것이다.

과연 성령이 임하면 성도는 춤을 추게 될까?

그것은 가능한 일이 아니라고 할 수 있다.

예를 들면 깨끗한 물이 있는데, 물만 있을 때는 그냥 물이지만 만약 물에 설탕을 집어넣게 되면 물의 성질이 바뀌어 설탕물이 된다. 그리고 물을 가열하면 물은 산소와 수소라는 기체로 성질이 변하게 된다.

즉, 어떤 물질에 어떤 것이 더해지거나 감해지면 그 물질은 물리적 화학적 변화로 인해 원래 물질의 형질이나 형태가 변형된다는 것이다.

이와 같은 이치로, 인간의 몸에도 인간과 다른 영적 존재가 들어오면, 인간은 고유의 속성을 잃게 된다. 또한 자기 안에 들어온 영적 존재와 혼합된 존재가 된다. 그 영적 존재의 힘과 그 영의 속성이 인간에게 나타나게 된다. 이렇게 해서 나타나는 현상을 영적 현상이라고 정의할 수 있다. 또한 그렇게 나타난 영적 현상을 가지고 영을 분별하는 것이 영분별이라고 할 수 있는 것이다.

인간의 육체와 정신에 영적 존재의 힘이 가해졌다는 것은, 그 힘에 비례해서 그 인간의 육체와 정신에 영적 존재의 힘의 영향력이 나타나기 시작한다는 것이다.

눈에 보이지 않는 영은 눈에 보이지 않을 뿐, 실존하는 존재다. 그 존재 양태는 힘으로 상징되는 에너지다. 즉, 영은 힘이라는 것이다. 그런데 힘인 영은 그냥 힘으로만 존재하는 것이 아니라, 감정과 목적과 의지를 가진 힘의 응집체라고 할 수 있다.

그래서 실존적 존재인 영이 인간 안에 들어오면 인간은 여지껏 느끼지 못한 이상한 열감, 냉감, 매운감, 전기와 전율, 묘하게 탁한 바람, 그리고 오감이 느낄 수 있는 여러 가지 감각을 느끼게 된다. 또한 인간의 행위와 생각에도 침투한 영의 속성이 투영되기 시작한다. 영의 침노를 당한 인간은, 예전의 평범한 인간의 모습이 아니라 영의 모습과 힘이 반영된 모습을 보인다. 그래서 사람이 달라지는 것인데, 이것을 간단히 말하면 인간에게 영이 임하여 어떠한 영적 현상이 나타나기 시작하는 것이다.

그러므로 인간에게 영이 임하면 인간은 술 취한 듯 비틀거리기도 하고, 쓰러지기도 하고, 사울처럼 육체가 강력한 영의 힘을 이기지 못하여 옷조차 거추장스러워 옷을 벗기도 하고, 웃기도 하고, 울기도 하고, 몸을 진동하기도, 전기에 사로잡혀 꼼짝 못 하기도 하고, 힘이 너무 강해지기도 하고, 힘이 하나도 없어 꼼짝 못 하기도 하고, 꼬꾸라지기도 하고, 예전에 볼 수 없던 감정에 사로잡히기도 하는 등, 사람에게 역사하는 영에 따라 셀 수 없이 많은 반응이 일어날 수 있다.

그러나 이러한 다양한 현상들에도 불구하고 영이 인간의 몸에 들어온다고 해서 춤을 추는 것은 아니다. 다시 말하면 영이 인간

몸에 들어오면 다양한 현상이 일어나지만 춤을 추는 현상이 일어나지는 않는다는 것이다.

물론 영이 들어왔을 때 감정이 너무 좋아서 덩실덩실 춤을 추는 경우는 간혹 있을 수 있지만, 그것은 감정이 좋아서 춤을 추는 것이지 영이 들어와서 영의 힘으로 추는 것은 아니라는 것이다.

영의 힘이 강하게 들어오면 그 존재가 성령이든 악령이든 영의 힘이 강하기 때문에, 인간의 육체는 충격을 받는다. 그러면 육체가 힘들어하는 현상이 일어나지, 춤을 추는 현상이 일어나는 것은 아니라는 것이다.

그리고 특히 집회 때마다 번번히 성령춤을 춘다는 것 자체가 개념이 성립되지 않는다. 더욱이 리더 한 사람이 춤을 추면 그 집단 구성원이 군무처럼 춤을 추는 것은 더더욱 성령춤이 아니다. 또한 흔히 말하는 영춤도 아니라는 것이다.

그러므로 전부는 아니지만 상당수의 성령춤은 사실 성령춤이 아니라 감정의 해원이나 혹은 성령춤으로 빙자된 종교적 의식의 고양 상태라고 보는 것이 좋을 것이다. 그러나 소위 성령춤을 추는 것이 단순히 춤으로 끝난다면 집회에서 춤을 추는 것이 문제가 되지 않을 것이다. 그러나 영적인 집회에서 춤을 추는 행위는 영을 초혼할 수 있다는 점에서 위험할 수 있기에 조심해야 한다.

은사집회에서 소위 성령춤을 추는 사람들의 대부분은 자기 감정에 몰입되어 습관적으로 춤을 추거나, 춤을 출때도 감정의 도취 상태로 추는 경우가 대부분이다. 때로는 영이 예민하고 소위 신기가 있는 자들은 집회에서의 음악이나 다른 사람들의 흥분, 그리고 춤을 추려는 내면의 욕망 등으로 인해 춤을 추는 경우가 대부분이다. 어떤 경우는 춤을 추는 자 안에 있는 영이 춤을 통하여 묵은 영적 에너지를 발산하고 새로운 영적 힘을 얻게 된다. 그럴 때 춤은, 춤을 추게 하는 악령의 힘을 강화시키는 결과를 가져올 수 있다는 점에서 매우 조심해야 한다.

그리고 더 중요한 것은, 영적 집회나 종교적 인간들이 춤을 추는 행위와 춤을 출 때 몰입하는 행위는, 영을 초청하는 초혼 행위가 될수 있기에 극도로 조심해야 한다는 것이다.

인간의 생각과 말, 행동 그리고 적절한 도구의 사용 등은 신을 부르는 초혼의 행위가 될 수 있다.

노래와 춤도 영들을 초청하는 초혼 행위 중 하나라는 것이다.

그래서 무당이 신령을 부를 때 노래와 춤을 추면서 신령을 부르고, 이슬람이나 고대 이스라엘 변방의 탁발승들도 노래와 춤을 추면서 신을 불렀다. 그 이유는 노래와 춤이 영들을 부르는 초혼 행위이기 때문이다. 그리고 노래와 춤을 출 때 신이 임하면 예언을 하고, 병을 고치고, 강신을 하여 죽은 자를 불러내는 듯한 연극을 하곤 하였던 것이다.

즉, 인간이 신을 향해 몸짓을 하는 행위와 더 나아가 춤을 추는 행위 등은 영적 존재를 불러들이고 그 영에 사로잡히게 되는 결과를 가져올 수 있다. 그래서 영들이 많이 역사하는 종교 집회에서 무분별하게 춤을 추는 것은 성령에 사로잡혀 춤을 추는 게 아니라, 자기 안에 춤을 추게 하는 영이 춤을 통해 에너지를 발산하고 새로운 에너지를 얻어서 춤추는 자 안에서 영적인 힘을 강화하는 결과를 가져오는 것이다. 동시에 춤이라는 초혼 행위를 통해 악령을 불러들여 악령에 사로잡힐 수 있다는 위험성을 반드시 알아야 한다.

13.
인격이 나쁜 사람에게 은사가 소멸되지 않는 이유

우리가 흔히 신앙생활을 하다 보면 어떤 성도가 은사를 받았다는 이야기를 듣게 된다. 그런데 은사를 받았다는 사람이 인격이 그다지 좋지 못한 사람일 때가 종종 있다.

'하나님이 어째서 저런 인격을 가진 사람에게 은사를 주셨지?'라고 의아할 때가 있다. 이미 은사를 받았다고 하는데 그 사람의 인격이 너무 안 좋을 때 '하나님은 저런 사람에게 왜 은사를 거두어 가지 않나?' 하고 궁금해하는 경우가 많이 있는 것이다.

은사가 인격이 좋은 사람에게 임하였거나 계속 유지가 된다면 충분히 납득하겠지만, 은사를 받았다고 하는 사람이 교만하고 거칠고 은사를 받은 걸로 교회 안에서 당을 짓고 다른 성도를 무시하고 은근히 군림하는 모습을 보게 된다. 그러면 '하나님이 어째서 저런 사람에게 은사를 주셨나?' 회의를 가질 때도 있다는 것이다.

그리고 그런 사람에게 은사가 사라지지 않고, 은사를 가지고 덕을 끼치고 교회를 세우고 다른 성도를 돕는 게 아니라, 오히려 교회를 분란시키고 성도 간에 이간질하고 교회와 성도의 신앙에 해악을 끼칠 때. 그럴 때는 어찌해서 하나님이 저런 사람의 은사를 거두어 가지 않으시는지 궁금해진다. 이때 목사님이나 전도사님 그리고 다른 성도들에게 그 이유를 물어보면 뾰족한 답이 없다. 단지 하나님이 은사를 주실 때는 사람을 가리지 않으시며, 나아가 은사를 소멸치 않으시는 것은 하나님이 주신 은사에는 후회가 없기 때문이라는 것, 그 사람이 회개할 때까지 인내하며 기다리시는 것이라는 막연한 이야기를 듣게 된다.

그러면 그 말에 적당히 공감하며 그럭저럭 넘어가게 되면서도, 마음 한구석에는 이해가 되지 않는 찜찜함을 갖게 된다.

하나님은 인격이 좋지 않은 사람에게도 은사를 주실까?

하나님의 일을 이것은 절대 안 되고 저것은 절대 된다고 라고 정의할 수 없다. 하나님은 인격이 나쁜 사람에게도 필요에 따라 은사를 주실 수 있다. 그렇다면 하나님은, 인격이 나쁜 사람이 하나님이 주신 은사로 악을 행하는데도 소멸시키지 않으시는가? 그것 역시 소멸하지 않을 수도 있을 것이다.

그러나 그것은 극히 예외적인 현상일 것이라는 것을 인식해야 한다.

그리고 그 은사의 유래에 대해 분별해야 한다.

하나님의 은사가 임하였다고 믿어질 때 그 은사가 정말 하나님이 하나님의 은사로 주셨는가를 확실히 알려면, 하나님의 속성을 이해하면 판단이 서게 된다.

하나님은 사랑이며 긍휼이며 빛이며 은혜이며 평강이며 자유이시다. 그러나 인격이 안 좋다는 것은 영적으로 해석하면 더러운 영에게 사로잡혀 있는 사람이라고 볼 수 있다. 예를 들어 교만하다면 그 사람은 '교만의 영'에, 교회를 분리시키면 '이간질의 영'에, 사람들 위에 심지어는 목사님 위에 군림하려 들면서 자신의 수하처럼 조종하려 한다면 '조종의 영'에, 그리고 자기 말을 안 들으면 화를 내고 자기 뜻을 관철시키려 한다면 '조종과 강박의 영'에 사로잡혔을 확률이 높다. 이런 사람에게 진정한 하나님의 은사가 왔다면 이 사람은 은사라는 행위를 하기 이전에 인격이 달라졌을 것이다.

교만했던 사람이 겸손한 사람으로, 이간질했던 사람이 화평을 구하는 자로, 군림하던 자가 섬기는 자로, 그리고 자기 말을 안 들으면 화를 내었던 자가 타인의 말을 존중하고 다른 이들과 함께 하려는 자로 전환되었을 것이다.

인격이 나쁜 사람에게 정말 하나님의 은사가 임했다면, 은사 이전에 그 사람의 인격부터 새롭게 변했을 거라는 것이다. 그러나 은사는 임했는데 인격이 여전히 나쁘거나 은사로 인해 더 나빠졌다면, 그가 받은 은사가 하나님이 주신 은사가 아닐 수 있다는 것을 판단할 수 있는 것이다.

따라서 이와 같은 개념이 바로 선다면, 인격이 안 좋은 사람에게 은사가 나타난다면, 하나님이 주신 은사라는 것을 완전히 배제할 수는 없지만, 그런 사람에게 나타난 은사는 안 좋은 인격으로 대변되는 그 사람 안에 있는 악한 영이 하나님의 은사를 가장한 거짓 은사를 준 것이라고 봐야 한다.

인격이 나쁜 사람이 은사라는 무기를 가지고 자신의 인격도 더 나쁜 쪽으로 이끌어 가게 되고, 교회를 무너뜨리고, 성도를 이간질하고, 목사님보다 높은 곳에 서려 한다. 심지어는 목사님이나 다른 사역자들마저 정죄하는 위치에 서려고 하고, 교회 안에서 자기를 따르는 자들을 만들어 당을 짓고, 일정한 시간이 흐르면 신학을 하여 자기가 목사가 되어 교회를 설립하고, 기존 다니던 교회의 성도들을 이탈시켜 자신의 교회를 세우는 일까지 하게 되는 경우를 심심찮게 보게 된다.

이런 경우 인격이 나쁜 사람이 받았다는 은사는 대부분 예전부터 그 사람 안에 있었거나, 아니면 그 사람의 가계에서 계속해서 역사했던 악한 영들이 준 유사 은사라고 봐야 한다. 그 유사 은사가 초월적 힘을 주어 교회를 파괴하고 성도의 신앙을 파괴하기 위한 수단으로 사용되고 있다고 보면 맞을 것이다.

특히 이런 류의 사람들 중에는 기독교를 믿기 전에 그 집안이나 자신이 불교나 무속 그리고 이방종교나 이단 그리고 사이비 주술 종교를 신봉했던 경우가 많다는 것을 알 수 있다.

그런 영들이 장악하고 있는 상태에서 그 사람이 기독교로 개종하여 신앙생활을 한다고 해도, 그 영들의 지배에서 완전히 벗어난 것이 아니기 때문에 인격이 나쁜 것이다. 동시에 그런 나쁜 인격의 사람임에도 불구하고 은사가 나타난 것은, 바로 그 사람 안의 악령과 그 가계의 악령이 축귀되지 않고 그 사람을 여전히 장악하고 있기 때문이다. 거짓 은사를 주어 마치 성령의 은사로 가장하고 기독교 교회 안에서 교회와 성도를 파괴하는 일을 하게 하는 것이다. 그런데 사람들은 이러한 영적 이치를 모르고 은사가 오면 그저 하나님의 놀라운 은혜라고 착각하는 것이다.

그러다가 은사를 받은 자가 교회의 분란과 분쟁의 중심에 서게 되면, 하나님의 은사를 의심하고 신앙에 회의를 가지며, 하나님이 어찌하여 저런 사람에게 은사를 주셨고 소멸하지 않으시는지 신앙의 시험에 들기도 한다. 그러면서 교회가 파괴되는 것이다.

성령이 은사를 주셨다면 반드시 인격부터 변화가 온다.

이 개념이 온전히 서면, 이제는 인격이 안 좋은 사람에게서 은사가 소멸되지 않고 오래 유지되는 이유는 바로 알 수 있게 된다. 그것은 성령이 주신 은사가 아니라 악령이 인격이 안 된 사람에게 거짓 은사를 준 것이다. 그리하여 그 사람을 교회를 파괴하는 일을 도구로 쓰려는 것이 목적인데 그 은사가 소멸되겠는가.

오히려 은사를 강화시키고 성경까지 교묘하게 이용하게 하여, 교회와 성도의 신앙을 파괴하고, 나중에는 아예 목사가 되고 교회를 설립한다. 그리하여 목사의 개인적 신앙관을 교리에 준하게 만들어 성도에게 주입하고, 기독교 신앙과는 전혀 다른 이상한 기독교를 믿게 하는 데 선봉에 서게 한다. 거기에 이적과 기사가 좀 나타난다면 자기 교회뿐 아니라 전국의 기독교 신자를 그 거짓에 속게 하는 선봉에 서게 한다. 그리하여 기독교를 파괴하게 하는 것이 악령의 목적이기 때문에, 인격이 나쁜 은사자에게 임한 은사는 소멸되지 않는 것이다.

결론은 인격은 그 사람 안에 있는 영의 속성을 보여 준다는 것이다. 인격이 나쁜 사람이란 그 사람 안에 악령이 많은 사람이라고 볼 수 있다. 이런 사람에게 성령이 은사를 주실 수 있다는 것은 완전 배제하지는 못한다. 하지만 일반론적으로 만약 이런 자에게 성령이 임하면, 이 사람은 은사로 표적이 나타나기 이전에 인격부터 달라졌을 것이다.

인격은 여전히 나쁘고, 은사는 지속되고, 은사가 지속되어 사람들이 알아주고 자신의 존재가 커지면 더 인격이 타락하는 사람. 그런 사람에게 임한 은사는, 악령이 그 사람을 도구로 삼아 교회를 파괴하고 성도를 시험에 들게하고, 그 사람의 인생를 망치게 하는 수단으로 사용하는 것이다. 그래서 인격이 안 좋은 자에게 임한 은사는 소멸되지 않는 것이다.

14.
초신자가 불 받고 은사가 열렸대요

교회를 다니다 보면 이런 일도 있다. 나는 열심히 교회 예배에 참석하고 기도회나 구역예배 등 신앙생활을 착실히 했는데도 은사를 받지 못하였는데, 교회를 처음 나온 초신자가 은사를 받았다는 말을 듣는 경우다.

그럴 때는 부럽기도 하고 시기가 나기도 하면서, 하나님이 은사를 주시는 기준이 무엇인가 헷갈릴 수 있다. 그래서 목사님이나 주변 신앙 선배들에게 "교회 나온 지 얼마 안 된 초신자가 은사를 받았는데 그걸 어떻게 해석해야 하죠?" 하고 묻는다. 그러면 초신자가 은사나 불을 받은 사건에 대해서는 솔직히 왜 받았는지 서로 모르기 때문에, 대충 하나님이 초신자에게 믿음과 하나님에 대한 확신을 세워 주기 위해 은사를 주신 것이라고 하는 말을 듣게 되는 것이다.

이러한 판단은 틀린 것은 아닐 것이다.

하나님이 초신자에게 은사를 주실 수 있고, 그것은 처음 하나님을 믿는 자에게 믿음과 용기와 확신을 주기 위함일 수 있다. 그런데 이런 경우는 극히 예외적일 것이다.

하나님의 일은 늘 바람처럼 우리를 도우시나 초월적, 영적 역사는 간헐적이고 예외적이라는 것을 반드시 알아야 한다. 이것이 바로 서야 날마다 돈 타령, 임재기도, 예언, 은사사역, 돌파의 영, 기름부음 등의 이야기의 허구성을 간파할 수 있다. 이들의 특징은 집회 때마다 이런 일이 일어난다는 것이기 때문이다.

초자연적 역사는 말 그대로 초자연적인 것이다.

초자연적이라는 것의 특징은 평생 한 번 일어날까 말까 한 일이라는 것이다. 그런데 집회 때마다 안수 때마다 초자연적 이적이 일어난다는 것 자체가 성립될 수 있겠는가!

하여간 대부분 초신자가 은사를 받은 경우는 오히려 매우 조심스럽게 접근해야 한다는 것이다.

초신자는 예수님을 처음 믿고 교회에 나온 사람이다. 그렇다면 이 사람은 교회를 나오기 전에는 무신론자였거나 다른 종교를 섬겼거나 민간신앙을 가졌을 확률이 높다. 그리고 그 사람의 집안 역시 무신론자들이거나, 다른 종교에 소속이 되었거나, 무속에서 굿을 한 적이 많거나, 무당이었거나, 절에 다녔거나, 절에 이름을 올렸거나, 집에 달마상이나 수많은 부적을 붙이며 민간신앙을 했거나, 이방종교나 신흥 종교를 믿었을 가능성이 높다.

그런 환경에서 살던 사람이 기독교로 개종을 하여 예수님을 영접하고 교회를 다닌다고 해도, 그 사람 안에 역사했던 이방종교의 영이나 그 사람을 지배하여 왔던 그 사람 가계의 어떤 영들이 사라지는 것은 아니다.

그런 악령들은 자기가 장악했던 사람이 기독교로 개종한 경우 해코지를 하여 사고를 일으키거나, 병이 나게 하거나, 어떤 문제를 심각하게 일으키는 경우가 있다. 그 사람을 그냥 둔다면 그 사람의 가족들을 이 모양 저 모양으로 괴롭히는 경우를 우리는 흔히 보게 된다.

사람들이 종교를 바꾸더니 집안에 탈이 났다는 소리를 들을 수 있는 것이 이런 연유에서다.

그런데 만약 별 탈이 없이 개종이 되는 경우에는, 예수님을 믿기 전에 초신자를 장악했던 영이 은사나 불의 형태로 그 사람에게 역사하는 경우가 있다. 그때 대부분 사람들은 그 초신자에게 은사가 열렸다, 혹은 초신자가 성령의 불을 받았다고 생각하게 된다.

물론 초신자가 불 받고 은사 받을 개연성이 없다는 것은 아니다. 하지만 분별해야 할 것은, 개종은 하였지만 아직도 자신과 그 가계 안에 역사한 영들을 처리하지 못한 초신자에게, 그들에게 역사했던 악령이 불을 형태로 임하여 성령의 불로 포장하고 유사 은사를 주어 마치 초신자에게 하나님의 은사가 주어진 것처럼 속이는 경우가 대다수라는 것이다.

그런 사정을 알지 못하는 초신자는 자기를 만나 주신 하나님(?)에게 고마워 열심을 내어 하나님께 충성하고 기도하고 교회에 봉사하게 된다. 그러면 그 초신자는 목사님에게 나중 된 자가 먼저 된다는 칭찬을 듣게 되고, 동시에 얼마 되지 않아 집사로 승격하는 예를 흔히 볼 수 있다. 그러나 결국 얼마 되지 않아 신앙의 밑천을 드러내고, 초신자가 가진 은사가 기성 선배 성도의 신앙을 분리시키고, 목사님조차 다스리려 들고, 교회에 군림하는 일이 벌어진다. 그리하여 교회에 당이 생기고, 서로 분열하고, 초신자 은사자가 교회의 중심이 되어 그를 따르는 성도들이 생긴다. 결국 은사를 받았다는 초신자로 인해 교회가 분열되는 일이 종종 벌어지는 것을 볼 수 있다.

심지어 이 초신자는 얼마 후 하나님이 자신에게 신학 하여 주의 종이 되라고 했다면서, 신학을 하여 목사가 되어 교회를 개척하고 기존 교회의 성도를 빼 가는 경우도 흔히 볼 수 있는 일이다.

이런 경우는 위에서 언급한 것처럼 초신자 안에 과거 역사했던 악령이나 그 가계를 지배했던 영이 처리되지 않고 오히려 교회에서 불 받고 은사가 열린 것처럼 속여서 교회를 파괴하는 첨병 노릇을 하게 하는 것이라고 볼 수 있다.

특히 전에 스님이었다가 개종한 사람 혹은 무당이었다가 개종한 사람 등, 이방종교의 지도자였던 사람이나 깊이 개입된 사람인 경우 거의 백 프로 은사가 나타난다. 그때 자기들은 성령의 불과 은사를 받았다고 하는데, 이들에게 나타난 은사는 거의 그들이 전에 믿었던 이방종교의 영들이 조작한 것이라 보면 틀린 것은 아닐 것이다. 그리고 이런 사람들이 나중에 자기들이 받은 유사 은사를 가지고 교회를 개척하거나 기도원을 창립하여 사역을 한다. 그러나 이런 사람들에게 안수를 받는 경우 잘못하면 정신이 미치거나 병에 들어 죽거나 할 수 있다는 것을 분명히 알아야 한다. 그래서 스님이나 무속인 등 사술과 비술적 종교의 지도자였거나 열심을 내어 믿었던 사람들은, 가능하면 목사가 되는 일을 자제해야 한다.

또한 기도할 때 손을 얹고 안수하는 행위를 하지 않는 것이 본인이나 다른 성도를 위해 유익할 것이다.

특히 초신자의 은사 가운데 환상이 열려서 악한 영들을 본다면 그것은 환상의 은사, 투시의 은사가 온 것이 아니다. 초신자 안에 무당의 영이나 도교적 무속의 영이 있어 그 영이 환상을 열어 보는 것이라 봐도 크게 틀리지 않을 것이다.

또한 신유 은사로 치유가 나타난다면 그 역시 무속이나 도교적 무속의 영 가운데 치유를 하는 영들이 임하여 신유 은사 형태로 나타나기도 한다. 이단 교회 목사들 가운데 치유 역사가 많이 나타나기 때문에 그 이단 교회로 사람들이 몰려간다. 하지만 영적 실상은 바로 그런 도교적 무속의 영이 역사하였기에 그토록 치유가 많이 나타났던 것이다. 그래서 이단의 교주들은 도교풍의 한복이나 임금의 옷인 곤룡포, 혹은 선녀 옷 같은 것을 즐겨 입는다. 또한 교회 이미지도 무릉도원 느낌의 묘한 배경이 주를 이루는데, 그 것은 그들의 영적 성향을 보여 주는 것이다.

그리고 초신자가 방언이 그냥 열린 경우, 이것은 하나님이 방언의 은사를 주셨다기보다는 초신자 안에 악한 영이 외부의 다른 영과 함께 방언을 연 것이라고 볼 수 있다. 그래서 방언기도를 많이 하면 오히려 더 많은 악한 영을 불러들이기도 하여, 그 사람의 영이 예민하게 변하여 은사같은 것이 나타나게 된다. 그러므로 마치 방언이 은사를 여는 통로인 양 오해하게 만들고, 더욱 방언기도를 많이 하면서도 거짓 유사 은사를 가지고 교회를 파괴하고, 성도를 자기 종처럼 여겨 성도 위에 군림하는 모습을 보이기도 하는 것이다.

또한 초신자가 예언이 열린 경우, 거의 하나님을 믿기 전에 그 집안에 역사했던 점치는 영, 무속의 영이 예언의 은사 형태로 미혹하는 것이라고 분별하면 거의 맞을 것이다.

따라서 초신자가 하나님을 믿고 교회를 다니자마자 은사가 열린 경우, 하나님께서 은사를 주시는 경우도 있지만, 대부분은 악한 영이 준 거짓 유사 은사라고 봐야 한다.

따라서 초신자가 은사를 받았다는 것은 기뻐하고 자랑할 일이 아니라 극히 조심해야 하는 일이다. 그러므로 초신자가 은사를 받은 경우 가급적 은사를 사용하는 것을 자제하는 것이 좋다. 또한 그 은사가 불 일듯이 일어날 때도 절제하고 대적하여 은사를 소멸시키는 것이 좋을 때도 있다. 그리고 목회자들도 자기 교회 초신자가 은사 받았다고, 우리 교회에 성령이 임했다고 좋아할 게 아니다. 그 은사의 영적 유래를 잘 살펴보고, 오히려 절제시키고 말씀으로 잘 양육하는 것이 교회와 초신자의 영혼을 지키는 데 유익할 것이다.

15.
전대미문의 헌금 봉투 예언 사역

영성 한다고 하는 교회나 기도원 부흥집회를 가 보면, 그 집회에 사람이 몰리는 핵심은, 그 집회가 은사집회인 동시에 예언을 하는 집회이기 때문이다. 그리고 그러한 집회의 피날레는, 예언의 은사가 있는 신령한 목사님이 헌금 봉투에 쓰여 있는 성도의 이름을 부르며 예언을 하는, 소위 '헌금 봉투 예언 사역'일 것이다.

나도 예전에 헌금을 내고 예언을 받으려고 했었다. 예언이 시작되면 조마조마한 마음으로 기대를 하면서 예언을 받고, 녹음도 했었다. 목사님이 헌금 시간에 예언을 해 주지 않으면 좀 실망한 적도 있었다. 그때는 나름 재미도 있었지만, '과연 저 예언이 맞을까?' 생각도 했었고, 맞을 확률이 거의 제로라는 것을 알면서도, 괴로운 현실 때문에 위안이라도 삼으려고 예언 받기를 사모한 적도 있다.

점과 예언이라는 것은 인간의 시작과 함께 시작되었고, 지금도 계속되고 있고, 아마 인류가 멸망할 때까지 계속되는 인간 세상의 문화 중 하나일 것이다. 원시인도, 고대인도, 중세인도, 근대인도, 현대인도, 남녀노소 할 것 없이 점을 보거나 예언을 받는 것은, 불안한 인간이 마음으로 의지하며 위안을 받는 종교적 행위이자 문화적 행위이므로 이것은 계속될 것이다.

그렇다면 점은 무엇이고 예언은 무엇일까?

누가 이것을 바로 분별할 수 있을까?

점은 이방종교에서 과거를 알아맞히고 미래를 알게 해 주는 것이고, 예언은 기독교에서 과거를 돌아보게 하고 미래를 알게 해 주는 것일까?

점은 뉘앙스가 이방종교 것이고, 예언은 뉘앙스가 기독교적이라고 하는 것은 민망한 말이다.

점과 예언을 나름대로 분별을 해 보자. 점이 인간의 개인적 미래의 운명에 대한 이야기라고 할 수 있다면, 예언이란 세상과 인간의 역사를 주관하는 신의 뜻을 인간이나 세상에 계시하는 것이라고 정의를 해 본다.

이방종교의 예언자와 기독교의 예언자에게는 중요한 차이가 있다. 이방 종교의 예언자들은 점을 치거나 주문이나 주술 행위를 하고, 도구 등의 비방을 사용하여 신의 뜻을 알아내려고 한다. 즉 비방이나 도구를 사용하여 신을 조종하여 신의 뜻을 알아내려는 자들이 이방종교의 예언자라고 볼 수 있다.

반면 기독교의 예언자는 이방종교의 예언자와는 전혀 다른 면을 보여 준다.

기독교의 예언자는 주문이나 도구 혹은 신의 뜻을 알아내는 어떤 인간의 비방도 쓰지 않는다. 기독교의 예언자는 피동적 존재다. 하나님이 필요하신 때에 그 시대에 맞는 적절한 인간을 택하여 하나님의 뜻을 전하신다. 즉, 기독교의 예언자는 예언자 자체가 신의 예언이 나타나는 도구일 뿐이라는 것이다.

이방종교에서는 인간의 기술로 신의 뜻을 알아내는 것이기 때문에 인간의 필요에 따라 아무 때나 신의 뜻을 알아낼수 있다. 하지만 기독교의 예언은 오직 하나님의 필요에 의해 예언되고 계시된다. 그것이 큰 차이이며 특징이라고 할 수 있다.

그러므로 기독교 예언은 인간의 뜻과 행위가 배제되고 오직 하나님의 뜻에 따라 계시되기 때문에, 아주 가끔씩 나타난다는 것이 특징일 것이다. 또한 하나님이 하신 계시이므로 반드시 이루어진다는 것이 특징이다.

구약 성경에서는 점치는 것에 대해 의외로 많이 나와 있다.

대표적인 것이 동물의 내장점으로, 동물의 내장이나 간을 보고 그 형태에 따라 길흉화복을 점친다.

다음은 화살점으로, 화살을 쏘아서 어디로 떨어지는지 보고 그 위치를 보고 점을 친다.

그리고 기름점이 있는데, 물에 기름을 떨어뜨린 후 기름이 흩어지는 모습을 보고 점을 치기도 한다.

다음으로는 제비뽑기점이 있다. 신의 뜻을 묻는 제비를 몇 개 넣고 뽑은 것을 신의 뜻으로 간주하는 것이다.

그리고 성전몽이 있는데, 성전에서 잠을 자면서 꿈으로 계시는 받는 것을 성전몽 혹은 예지몽이라고 하는 것이다. 이를 인큐베이션이라고 한다. 야곱이 루스의 어느 한 장소에서 돌베개를 베고 잘 때 꿈을 꾼 것을 인류학자들은 성전몽이라고 평가한다. 즉, 야곱이 가나안의 이름 없는 어느 성소에서 잠이 들었다가 거기에서 하나님을 만나게 되는 꿈이라는 것이다.[2]

---

2) 이 문단의 내용은 존 H. 월튼, 빅터 H. 매튜스, 마크 W. 샤발라스 공저 『IVP 성경배경주석―구약』(IVP, 2003)을 참고했다.

이처럼 사람들은 성전에서 신의 계시를 받기 위해 잠을 자고 꿈을 통해 신의 뜻을 계시받기도 하였다.

그리고 강신점이 있는데, 죽은 자의 혼령을 끌어내어 점을 치거나 귀신의 힘을 빌어 점을 치는 행위로, 이는 엔돌의 신접한 여인이 행한 것이다.

그리고 세상의 징조를 보거나 별의 징조를 보고 점을 치기도 하였다.

그런데 위에 열거한 점치는 행위들은 제비뽑기를 제외하고는 모두 하나님이 가증히 여긴 이방종교의 점치는 행위였다는 것을 주목해야 한다. 여기서도 매우 주목해야 할 것은, 하나님이 가증스럽게 여기는 이방종교에서 점을 칠 때도 신에게 드린 예물이나 헌금을 점치는 수단으로 사용한 적은 없다는 것이다.

즉, 어떤 종교도 신에게 드린 예물이나 헌금을 점치는 수단으로 삼는 경우는 없었다는 것이다.

오늘날에도 점은 여전히 세상에 만연하다.

오늘날 점을 치는 도구로 새점이 있다. 많은 예언 글귀가 적힌 것 중에 새가 하나를 뽑으면 그게 점이 되는 점을 새점이라고 한다.

또 크리스탈 수정을 놓고 점을 치기도 하고, 무당들은 신을 빙의시켜 작두를 타거나, 방울을 흔들거나, 쌀이나 엽전을 던져 신의 뜻을 묻기도 한다.

타로점은 타로 카드를 뽑아서 점을 치기도 한다.

그런데 여기서도 핵심은, 이들도 복채를 받아서 점을 치지만, 복채 자체를 들고 혹은 복채가 든 봉투를 앞에 두고 점을 치는 일을 하지 않았다는 것이다.

심지어 오지에 사는 부족 집단에서 사제이자 지도자인 주술사들도, 부족들이 그들의 신에게 바친 동물이나 열매등의 예물을 가지고 예언하거나 병을 고치는 일은 없었다는 것이다.

어떤 나라의 종교 집단에서도 헌금이나 신에게 드린 예물을 들고 점을 치는 행위를 했다는 것은 역사상 한 번도 본 적도 들은 적도 없다. 심지어 오지의 부족들조차 부족신에게 바치는 돈이나 예물을 들고 점을 치거나 예언을 했다는 이야기는 들어 본 적이 없다. 그 이유는 신에게 바치는 예물은 신자의 마음이 담긴 정성이며, 신을 향한 경배의 수단이며, 때론 예물이 죄를 대속하는 속죄의 수단이기 때문에 그러하다. 그러므로 예물을 드리는 행위는 경건한 종교적 행위의 하나인 것이다.

그런데 만약 종교 지도자나 일반 신자가 신에게 드린 예물을 만홀히 여기거나 함부로 대하거나 한다면, 신성모독으로 바로 종교재판에 의해 처형을 당할 것이다. 더욱이 신에게 드린 예물을 가지고 점을 치거나 예언을 한다면 그 사람은 그 집단에서 파문되고 처형될 것이다.

고대나 현대에 이르기까지 소위 점이나 예언을 하는 사람들 중에 자신들의 신에게 바친 예물을 들고 점을 치거나 예언을 하는 경우가 있을까?

그런데 오늘날 기독교 안에서는 하나님께 드린 헌금 봉투를 들고, 거기에 적힌 성도의 이름을 부르며 예언을 하는 일이, 세계 종교 역사상 최초로 한국 기독교 부흥집회에서 신령한 목사들에 의해 행해지고 있다.

일부 기독교 교회 안에서, 오지 부족의 주술사들이나 무당들도 하지 않는 일─헌금 봉투에 적힌 성도의 이름을 놓고 하나님의 예언을 대언하는 일─을 하고 있는 것이다. 이쯤 되면 전대미문이라고 밖에 하지 않을 수 없다.

성도의 헌금 봉투를 들고 예언을 하는 일을 반기독교적이라고 평가하기에 앞서 인류 역사상 존재한 종교 집단에서 자기들의 신에게 신자가 바친 예물을 들고 사제가 예언하는 사례는 본 적이 없기 때문에 평가 자체도 어려운 지경이다.

그리고 더 웃긴 건, 헌금 봉투를 들고 예언을 하는 것을 신적인 행위로 포장하기 위해 헌금 봉투 예언 사역이라 칭하고, 예언을 하면서 꼭 방언을 한다는 것이다. 그리고 방언을 통변 형태로 한국 말을 함으로 마치 하나님이 방언의 통변 형태로 계시하시고 대언해 주시는 것처럼 보이게 하고 있다.

성도가 드린 예물을 들고 목사가 예언할 때마다, 하나님이 봉투에 적힌 성도의 이름을 보시고 목사의 입을 통해 성도의 미래와 앞으로 해야 할 일들을 계시하실까?

정말 미국 신사도 운동류들과 그것을 추종하는 일부 한국 교회들처럼 전대미문의 기이한 일을 벌이는 종교 집단도 드물 것이다.

이 문제를 분별하기 위해서는 '과연 인간이 점을 치거나 예언을 받으면 미래를 알 수 있을까?' 하는 문제부터 분별해야 한다. 즉 점이나 예언이 인간의 미래를 정말 가르쳐 주는 신의 행위인가 하는 것부터 분별해야 한다는 것이다.

점을 보고 예언 기도를 받는 인간들은 과연 미래를 알 수 있을까.

영적 능력이 있다는 예언 목사님, 아니면 무당, 아니면 신점을 하는 강신술사들, 용한 점술가, 운명 철학관의 사주쟁이들은 타인의 미래를 알 수 있을까.

답은, 인간이 미래를 아는 일은 거의 불가능하다는 것이다.

인간의 미래는 인간의 영역이 아니라 신의 영역이기 때문이다. 그것도 하나님의 영역이기 때문에 인간도, 잡귀들조차도 미래를 알 수 없는 것이다. 그래서 미래를 아는 일 자체가 되지 않는 일이며, 미래를 아는 일 자체는 영적으로 원천적으로 불가능하게 되어 있는 구조다. 그렇기 때문에 점치는 자나 점 보는 자나, 예언하는 자나, 예언 받는자나 다 한가지로 되지 않는 거짓 행위를 그럴싸하게 하는 것이다.

다만 가끔씩 점이 맞고 예언이 맞는 듯 보이는 것이 있을 수 있는데, 그것을 영적 분석을 하면 몇 가지로 분별할 수 있다.

첫째, 하나님이 하나님의 뜻을 세상이나 어떤 사람에게 전해야 할 때 하나님의 목적에 합하게 간헐적으로 하나님의 뜻을 계시하신다. 그런 점에서는 간헐적인 예언이나 계시는 있을 수 있다. 그것은 예언의 형태로, 성령의 감동의 형태로, 주변 환경을 통해서, 사람을 통해서 등등으로 다양하다. 시간이 걸려도 반드시 이루어진다는 것이 특징이다.

둘째, 점치는 영이 점을 치러 온 손님의 안에 역사하는 영의 하는 짓을 알게 되어, 간헐적으로 미래를 알아볼 수 있고 그것을 말해 줄 수는 있을 것이다.

셋째, 점쟁이나 무당의 영이 강하거나 그 영들이 상대를 읽을 수 있는 독심술의 영을 갖게 되면, 손님의 영을 조종하여 과거사를 맞추거나 미래를 그럴듯하게 점쳐 줄 수 있을 것이다.

이렇듯 인간이나 세계의 역사는 간헐적으로 신으로부터 계시될 수는 있지만, 그것이 때마다 일마다 알 수 있는 일이 아니라는 것이다.

용하다는 점쟁이가 있다. 이 점쟁이도 가끔 용하지, 오는 모든 손님에게 용하지는 않을 것이다. 소위 용하다는 것은 점쟁이 안에 있는 영과 손님의 영이 잘 맞아서, 점쟁이 안에 있는 점치는 영이 손님으로 온 자의 영으로부터 과거사를 알아내고 미래사를 전할 수 있는 것이다. 그러나 그것도 가끔 벌어지는 일일 뿐이다. 용한 점쟁이가 용해 봤자 몇 년 못 가는 것이 바로 그러한 영적 이치 때문이다.

즉, 점쟁이 영이 손님 영을 조종하여 과거사를 알아내고 미래사를 알아낼 수 있지만 그것도 가끔 있는 일이라는 것이다.

미래는 영적 영역이다. 그러므로 하나님도, 그리고 악령들도 인간이 돈과 예물을 바치고 미래에 대해 점을 친다거나 예언 사역을 한다고 신적 존재가 자신의 영역인 미래를 인간에게 가르쳐 주는 일은 결코 없을 것이다. 그래서 점쟁이들도 거의 두루뭉술하게 누구나 공감하는 이야기를 한다. 점쳐 준답시고 복채 받고 끝나지, 정말 용한 점쟁이가 어디에 있는가?

그리고 무당들도 신이 임한 것처럼 목소리 바꾸며 신점을 치지만 솔직히 무당이 된 자신도 자기 팔자를 몰라 무당이 된 것이다. 자기 앞날도 모르는데 손님으로 온 사람들의 미래를 무당의 영이 때마다 일마다 가르쳐 준다는 것은 영적 이치로 맞지가 않는 일이다.

심지어 무당이 무당이 될 때 공수, 즉 신탁을 받는 순서가 있다. 자기에게 임한 신의 이름을 알고 그 신이 무당 될 자에게 어떤 신탁을 내리는지 말해야 하는 이 공수라는 것을 통과해야 무당이 되는 것이다. 무당이 되려는 자가 자기에게 임한 신령의 이름도 모르는 경우도 허다하고, 자기 신령이 하는 예언도 몰라서 버벅거리다가 무당되는 경우도 허다한데 무슨 손님의 과거사를 맞추고 미래를 예언한다고 할 수 있나.

영계에도 강한 영이 있고 약한 영이 있다. 그런데 점 보는 자 혹은 예언하는 자의 영이, 점 보러 온 자 혹은 예언 받으러 온 자의 영보다 약하면 절대 점을 치거나 예언을 못 한다. 기독교 신자가 무당이나 점쟁이에게 점 보러 가면 점괘가 안 나오는 게 그런 이치 때문이다. 그런데 때마나 일마다 점치러 온 손님이나 예언 받으러 온 성도에게 점이나 예언을 해 줄 수 있단 말인가. 되지 않을 소리라는 것이다.

또한 영들도 자기의 목적을 인간에게 계시하는 것이지, 아무 때나 사람이 돈만 내면 미래를 알려 주는 귀신은 아마 세상에 없을 것이다. 돈만 내면 인간의 미래를 가르쳐 준다고 하는 점쟁이가 실상은 거짓말을 하고 있는 것이다.

결론은, 미래는 하나님의 영역이기 때문에 귀신이 가르쳐 줄 수도 없고 가르쳐 준다고 해도 바꿀 수도 없다는 것이다. 그런데 일부 교회의 부흥회에서 벌어지는, 헌금 봉투를 놓고 예언을 하는 것을 보면, 하나님이 성도의 미래를 성도마다, 집회마다, 헌금 봉투마다 예언을 한다는 발상 자체가 웃기는 일이다. 되지도 않을 짓을 강대상 앞에서 하고 있는 것이 현실이다.

이러한 일은 하나님의 거룩을 훼손하여 하나님을 잡귀 이하로 전락시키는 신성모독의 짓이다. 그런데도 목사라는 사람들이 버젓이 이 짓을 하고 있다.

하나님이든, 악령, 심지어 귀신도 인간에게 무언가 받아먹고 인간의 앞날을 예언하거나 점쳐 주지 않는다. 영적 존재는 자신들의 능력으로 인간사를 이끌어 갈 뿐이다. 하나님이 이끄는 길은 생명의 길이고 귀신들이 이끄는 길은 죽음과 파멸의 길일 뿐이다.

점과 예언이란, 현실의 삶에 고통스러운 인간들 그리고 장래가 불안하여 미래를 알고 싶고 잘되길 소망하는 인간 심리를 이용하여 점과 예언을 하는 악령의 장난질이다. 인간의 영혼을 미혹시키고 돈을 뜯으며 그러한 불안한 인간 심리에 기생하여 악령이 잘 먹고 잘 살려고 하는 장난질일 뿐이다. 그리고 점치는 사람, 무속인, 그리고 헌금 봉투 들고 예언하는 목사들은 그 악령의 도구로 쓰임받고 있는 것뿐이다.

하나님은 하나님의 뜻대로 성도를 가장 좋은 길로 인도하시는데, 하나님의 뜻은 인간은 다 알 수 없지만 결국은 가장 선하고 옳은 길로 인도하시는 것이다.

그러므로 오늘날 일부 교회에서 예언 사역을 한답시고 헌금을 받아, 헌금 봉투를 들고 성도의 이름을 부르며 예언을 해 주는 일은 하나님이 하시는 예언이 절대 아니다. 이러한 짓은 자신이 거짓과 미혹에 속는 줄도 모르는 무지한 사역자가 자기 생각, 자기 감정을 하나님의 뜻으로 빙자하여, 두루뭉술하고 뻔하게 예언하는 것이다. 그것을 포장하기 위해 방언하고 통변 형태로 하는 거짓 예언인 것이다.

참된 기독교의 예언자들은 하나님의 뜻을 세상에 전하기 위해 인간의 안락한 삶을 포기하고, 죄악된 세상에서 온갖 핍박을 받으며, 세상과 인간에게 죄에서 돌이켜 하나님께로 돌아오라고 외쳤다. 그리고 사회에 불의와 가난한 자들에 대한 죄악이 관영할 때, 온전한 공의와 정의와 사랑을 실천하는 것이 하나님의 뜻이라고 외치다가 죽임을 당하기도 하였다.

그런데 오늘날 기독교가 그 사명은 감당하지 못할망정, 일부 기독교 교회에서 목사가 헌금 봉투에 적힌 성도의 이름을 하나님께 올리며 예언을 하는 전대미문의 기이한 일이 일어나고 있는 것이다. 헌금 봉투를 들고 예언을 하지 않는다고 해도, 기도 형태로 예언을 해 주기도 하고 요즘은 심지어 유튜브로 예언 사역을 방송하는 경우도 있다.

예언 사역자들은 과연 자신들의 예언이 얼마나 맞았는지 반성해야 한다. 그리고 맞은 것이 있다면 그 역시도 과연 하나님이 주신 예언인지 돌아봐야 한다. 예언이 필요하면 하나님이 필요한 대로 성도에게 간헐적으로 계시할 것이다.

더욱이 헌금 봉투에 적힌 성도의 이름을 부르며 예언을 하는 것이 옳은 일인지 자신이 무슨 일을 하고 있는지 반성해야 한다.

성도는 성령이 이끌어 가신다. 예언은 죄악에서 돌이키고 하나님께로 돌아오라는 경종이어야 한다. 헌금 봉투 예언 사역은 성도를 하나님께 멀어지게 하고, 온전한 신앙이 아니라 점치는 신앙으로 인도할 뿐이다.

이제 세계 종교 역사에 유례가 없는 전대미문의 헌금 봉투를 들고 예언하는 일은 그만두어야 한다.

전대미문의 일들이 너무 많이 벌어져 목록을 적어 본다.

- 헌금 봉투 예언 사역

- 신전에서 돈다발을 흔들며 부자 되자는 목사들

- 신전에서 매일같이 이적과 표적을 구한다는 광란의 집회

- 자기 영적 지위도 모르면서 해 대는 안수의 남발

- 기름부음의 정의도 모르면서 입만 열면 하는 기름부음 이야기

- 집회마다 구하는 임재과 춤들

- 금이빨 금가루 현상에 광분

- 사도와 선지자가 되어 세상을 지배하려는 욕망

- 돌파를 하며 돈과 부와 권력 모두 얻어 내자는 욕망의 소굴

- 유튜브에 자신의 방언을 방송하고

- 수 시간 방언기도를 생중계하고

- 예언을 생중계하고

- 기도문을 방송하는 사역자들

- 기도문을 틀고 자면 인생 문제 해결된다는 사역자들

- 날마다 하나님의 음성과 뜻을 알고 계시를 받는 사람들

- 마법과 오컬트의 구상화를 기독교화하여 이적을 일으키고 부흥된

  교회들

- 반기독교 선봉에 선 "신은 나이고 나는 신이다"라고 가르치며 "예수는 내 안에 있다, 그래서 나와 예수는 하나다, 그래서 나는 예수다"라고 가르치는 뉴에이지를 추종하는 무지한 사역자들
- 기도를 주문으로 전락시킨 사람들
- 나가지도 않는 귀신 쫓는다는, 굿판보다 못한 집회들
- 하늘로 올라가 영권, 인권, 물권을 다 가져오자는 사람들
- "하나님과 나는 하나다"라고 하는 초대 교회 이단 영지주의를 부활시켜 교회에 전하는 사람들
- 성도가 하나님을 명령할 수 있다고 가르치는 사람들
- 하나님과 내가 하나가 되자며 관상기도를 가르침으로 유일신론을 부인하고 범재신론을 교회에 뿌리는 목사들

이제 뭐가 더 나올까 싶다.

16.
은사 중지론과 은사의 허와 실

오늘날 교회에서는 은사 중지론자와 은사 지속론자들의 논쟁이 계속 이어지고 있다.

은사 중지론자들은 성경에 적힌 기적, 신유, 계시적 예언, 방언, 방언 통역 같은 은사는 사도시대에 주신 일시적인 표적으로 보며, 이러한 은사들은 성경 말씀이 완성된 이후에는 더 이상 은사가 계속되지 않는다고 말한다.

즉 은사 중지론자들은, 오늘날의 일반적인 성령의 은사와 성령의 역사가 없어졌다는 것이 아니라, 초대 교회에서 교회를 세우고 성도를 세우기 위해 하나님이 사도들이나 사역자들을 통해 행하셨던 사도시대의 성령의 은사와 이적이 종결되었다고 주장하는 것이다.

반대로 은사 지속론자들은 은사는 하나님께서 교회를 세우고 성도의 믿음을 세우라고 주신 것인데, 이 은사가 중지되었다는 것은 말이 되지 않는 것이라고 반박한다.

은사 중지론자도 은사 지속론자도 성경을 앞세우며 서로의 주장을 마귀적이라고 한다.

어느 장단에 춤을 추어야 할지 모를 일이기에 성도들은 각자 자기가 소속된 교회의 목사님의 방침에 따라 신앙생활을 한다. 좀 과격한 목사님이 자신의 의견과 반대되는 신학적 견해에 대해 강한 반감을 가지면, 성도들도 그와 같이 밑도 끝도 없이 반감을 갖는 경우도 흔히 볼 수 있다.

그러나 무언가를 주장할 때는 자기의 주장에 대해 깊이 생각해봐야 한다. 자기가 아무리 옳다고 생각하여도 인간이기 때문에 완벽할 수 없다. 또한 사람은 끊임없이 변하는 존재이기 때문에 어제는 자기 주장이 옳았어도 오늘 다른 체험으로 인해 자기의 주장이 무너질 수 있다. 항상 무언가를 주장할 때는 깊이 생각하고 넓게 판단하고 타인의 의견에도 귀를 기울여 봐야 할 것이다.

은사는 중지되었는가?

결론적으로 말하면 은사는 중지될 수 없다.

은사란 신령한 것이다. 만물에 기초하여 자연적으로 생겨지거나 인간의 노력으로 얻어지는 것이 아니라, 초월적 존재로부터 주어지는 초월적인 힘이 바로 은사의 정의다.

즉 은사란, 육체를 가진 인간이 할 수 없는 것을 할 수 있도록 영적 존재가 인간에게 부어 주는 초월적인 힘이다. 그것을 인간의 삶이나 자연 만물에 유용하게 사용하는 것이 은사라고 말할 수 있다는 것이다.

즉 은사란, 특이한 힘이라고 정의할 수 있다.

그러므로 은사를 영적 존재가 인간에게 주는 초월적 힘이라고 할 때, 은사란 꼭 기독교 신자만 받는 것이 아니라는 명제를 우선 알고 있어야 한다. 그리고 그 힘을 하나님께 받을 때라고 한정해야만 성령이 주시는 은사라고 정의할 수 있다. 그리고 만약 그 힘을 악령이 인간에게 주면 악령의 은사라고 정의할 수 있고, 악령이 성령으로 가장하여 준 은사를 유사 은사 혹은 거짓 은사라고 정의할 수 있다.

평범한 인간이었던 샤먼들이 신령에게 강신되었을 때, 그들이 엑스터시 현상으로 인해 황홀경에 빠졌을 때, 어떤 일이 일어나는가? 무당은 예언을 하고, 병을 고치고, 미래를 투시하고, 귀신을 쫓으며, 작두도 타고, 밤새 춤을 추어도 하나도 힘들어 하지 않는다. 그처럼 인간으로서 할 수 없는 일을 하는 것이 악령이 주는 은사라고 할 수 있는 것이다.

어떤 영적 존재가 인간이 가질 수 없는 능력을 주어, 인간이 그 능력을 가지고 예언을 하고, 병을 고치고, 귀신을 쫓는다거나, 남이 알 수 없는 것들을 알 수 있거나, 볼 수 없는 것들을 투시를 해서 보는 초월적 힘을 은사라고 할 때. 은사는 초월적 존재인 영적 존재가 인간에게 주는 놀라운 힘으로, 이 세상에 영적 존재가 존재하고 인간이 존재하는 이상, 은사란 절대 중지될 수 없다.

하나님도 없고, 성령도 없고, 천사도 없고, 반대로 마귀도 없고, 악령도 없고, 귀신도 없고, 인간도 존재하지 않는다면 은사는 없을 것이다. 그러나 영도 있고 사람도 있으니 은사는 절대 중지되지 않는다.

이 세상에는 인간과 자연 만물 안에 무지무지하게 많은 영들이 살고 있다. 인간 숫자보다 훨씬 많은 영들이 살고 있다. 인간과 자연 만물 안에 그리고 공중에 수도 없이 많은 영들이 살고 있고 거하고 있다는 것이다.

더욱이 인간 자체는 태어날 때부터 영을 가지고 태어나는 영적 존재이며, 영적 존재인 인간은 자라면서 가족을 이루고, 사회적 삶을 영위한다. 이때 무수한 타인을 만나는데, 이를 다른 말로 하면 다른 영들을 접하는 것이라고 할 수 있다. 인간 자체가 작은 영계이며 인간이 다른 사람을 만나는 것은 다른 영계를 접촉하는 것과 같은 것이다.

무수한 영들은 인간의 정신과 육체 안에 거하고, 인간은 살면서 다른 무수한 영들과 접하며 사는 것이다. 그것이 인간의 실존의 한 모습이다.

그리고 영들 역시 인간 안에 거하거나 인간을 이용하려고 할 때, 아무 생각없이 이용하는 것이 아니라, 목적을 가지고 인간을 이용하는 것이다. 영들은 그냥 그저 있는 존재가 아니라 지정의(知情意)를 가진 실존적 존재로, 영들도 자기 생존을 위해 인간과 만물에 깃드는 것이다.

그래서 인간과 자연 만물을 영들의 영역으로 삼는 것이다. 그렇기에 동물의 세계에서 영역 싸움이 일어나듯, 영적인 존재도 자기 영역을 빼앗길 때는 무수한 공격을 행하는 것을 볼 수 있다. 그것은 주로 인간의 육체적 삶을 통해 나타나기 때문에 인간은 온갖 질고를 겪지만 그것이 영들로부터 온 공격인 것을 잘 모를 뿐이다.

그러므로 영들이 인간과 자연 만물에 거할 때는, 자기 목적과 생존을 위해 거하는 것을 용이하게 하기 위해, 특정한 영적 인간에게 영들의 초월적 힘을 주는 경우가 있다. 이것을 은사라고 정의할 수 있다면, 이 세상에 영들이 존재하는 이상 은사라는 것은 절대 사라질 수 없는 것이다.

이것은 어쩌면 절대성을 띠는 자연법칙과 같이 당연한 것이다.

그런데 사도시대가 끝났고 성경이 완성되었기 때문에 시대를 이끌었던 성령의 은사였던 방언, 방언 통역, 예언, 축사, 신유 등의 은사가 중지되었다고 하는 것은, 영적인 것을 책상에 앉아 수학 공식 풀듯이 사고하는 것에 불과한 것이다.

방언, 방언통역, 예언, 축귀, 신유 등은 사도시대의 특별한 계시가 아니다. 그것은 영들이 인간에게 임할 때 주로 나타나는 영적 현상으로, 그러한 영적 현상이 사도시대에 더 강하게 더 자주 나타날 수 있겠지만, 이러한 은사들이 사도시대가 종결되었고 성경이 완성되었으니 사라졌다는 것은 안타까운 분석이라고 하지 않을 수 없다.

성령은 어제도 오늘도 영원토록 동일하시다.

성령이 어떤 존재인가. 성령은 존재가 영이시다.

성령이 이 세상에 성도와 함께 계시는데 성령이 주시는 특별한 힘인 은사가 사도시대에 한하여 역사하시고 지금은 중지되었다는 것은, 성령의 일을 인간이 멋대로 왜곡하는 것이 된다.

성령이 계시기 때문에 오늘날에도 사도시대와 초대 교회에 나타났던 성령의 은사들이 다양하게 나타날 수 있다.

그리고 동시에 악령도 여전히 존재하기 때문에 원시시대부터 고대, 중세, 근대, 현대 그리고 앞으로도 영원토록 악령이 주는 미혹과 힘 그리고 거기에 장악된 인간 군상들은 여전히 나타날 것이다.

밤하늘의 별은 수백 년에서 수천 년동안 존재하다 사라질 수 있고, 이 세상에 태어났던 수많은 인간들이 명멸했어도 영들은 사라지지 않는다.

영적 존재가 이 세상에 존재하는 이상 은사는 존속되며 절대 중지되지 않는다.

은사 중지론이 나오게 된 배경이 아마 은사주의자들의 은사 행태가 하도 기가 막히고 거짓이 많아서인지도 모른다.

그러나 은사 중지론자들은 은사가 중지되었다고 논쟁하는 데 힘을 쏟기보다는, 은사가 기독교 신자에게 임했을 때 과연 그 은사가 성령으로부터 주어진 완전한 은사인지, 악령으로부터 기독교를 파괴하기 위해 주어진 유사 은사 혹은 거짓 은사인지를 분별하는 것이 더욱 중요하다. 그것이 가치 있는 일이다.

그리고 은사 지속론자 역시 자신들이 성령에게 놀라운 은사를 받아서 사역을 한다고는 하지만, 정말 성령으로부터 온 은사인지 아니면 악령의 은사를 받고 교회와 성도를 파괴하는 행위를 하고 있는데도 그 악령의 은사를 성령이라고 착각하며 계속 은사사역을 계속하고 있는지 반성해 봐야 한다.

사실 오늘날 교회 안에 행해지는 은사사역은 거의 성령으로부터 온 것이 없다고 해도 과언이 아니라고 본다. 그러므로 거짓인 것이고 거짓이 계속되니까 은사 중지론까지 나올 지경에 이른 것이다.

예언의 은사인 경우도 예언이 과연 진정한 예언의 은사인지 분별해야 한다. 진정한 성령이 주신 예언이었다면, 성도의 삶이 하나님께 위로받고 회개하고 참된 성도의 삶으로 변화되어 가야 할 것이다.

그런데 오늘날 예언은 헌금 시간에 주로 헌금 봉투에 적힌 이름을 보며 두루뭉술하게 하는 예언이 대부분이다. 그리고 실제 삶으로 돌아와도 삶에 변화는 하나도 없다. 또 어떤 경우는 예언 사역 시간을 별도로 주어 예언을 하는데, 이 역시 성령이 성도에게 주시는 성령의 사역적 예언이 아니라, 예언가의 자기 암시적 생각을 성령의 예언으로 포장하는 경우가 수없이 많다. 나중에 보면 그 예언이 거의 성취되는 것이 없다.

더 기이한 일은, 그러한 예언을 자기들끼리 임파테이션 한답시고 안수하면서, 비슷한 예언을 하면 예언의 은사가 임했다고 한다. 그리고 예언을 유튜브로 방송하고 있다.

늘 하는 소리지만, 자기 신전에서 집회 때마다 예언을 하는 종교도 없을 것이며, 만약 한다고 해도 그 예언을 유튜브로 방송을 하는 종교도 없을 것이다.

그리고 방언의 경우도 마귀 방언이 있음을 조심해야 한다. 그런데 집회 때 아예 방언을 받게 해 주겠다고 하며 방언을 가르치는 경우도 있다. 무지한 목사의 어리석은 짓이 성도를 파괴하는 것이다. 방언이 가르쳐서 되는 것인가! 그러면서 "랄랄라"를 시킨다. 성도는 "랄랄라"를 따라 하면 방언은사를 받았다고 하고, 성도는 그때부터 랄랄라 방언을 매일 한다. 이러한 행위는 성도를 악령에게 사로잡히게 하는 짓이다. 그런데 목사가 교회에서 성도에게 이런 행위를 하고 있는 것이다. 알고 하는 것이라도 문제고 모르고 해도 문제가 아닐 수 없다. 이러니까 은사 중지론이 나오는 것이다.

그리고 신유사역과 축귀사역을 한다고 하면서 "불! 불!" 외치는 거창한 집회의 모습은 있고, 나은 사람 나오라고 하여 몇 사람 나오지만, 거의 치유되는 경우는 없다. 또한 축귀사역을 한다고 귀신을 나가라고 하면서 "언제 들어왔어, 말해!" 하면 "나는 언제 들어왔어!" 또 "뭐하러 들어왔어!" 하면 "죽이러 왔어!" 또 "나가!" 하면 "못 나가!" 하다가 입에 거품 물고 성도가 악을 쓰는 것을 자주 본다. 이게 무슨 축귀인가?

귀신은 그렇게 만만한 존재가 아니다. 인격이 변화되지 않으면 귀신은 절대 안 나간다. 그러므로 온전한 기독교를 가르쳐 인격의 열매가 바뀌도록 하는 것이 온전한 축귀사역일 것이다.

이런 식의 은사사역은 일단 은사도 아니지만 귀신을 불러들여 오히려 영적 상태가 더 나빠지는 결과만 가져올 뿐이다.

오늘날 교회에서 행해지는 은사사역인 방언, 방언 통변, 예언, 축귀, 신유 은사등은, 말이 은사지 실제는 영적 힘이 전혀 나타나지 않는 종교 퍼포먼스에 불과할 때가 많다. 또한 일부 교회에서 하는 은사는 은사 축에도 끼지 못하기 때문에, 마귀은사라고 하기도 어려울 지경이다. 즉, 은사라고 하지만 사역자들의 종교적 열정에 불과할 뿐이라는 것이다. 그래서 오히려 악령을 더 불러들이므로 성도의 삶만 더 피폐해지고 신앙은 엉망진창이 되는 경우가 허다한 것이다.

하나님은 영이시기 때문에, 분명 은사라는 것을 성도에게 주시고 표적과 이적을 보여 주시기도 한다. 하지만 하나님의 성령의 은사와 온전한 역사는 그 은사를 통해 성도의 삶과 신앙이 변화되고, 이 세상을 담대하게 살아갈 힘을 주고, 동시에 하나님께 소망을 두고 사는 삶을 살도록 도우실 것이다.

아무 열매도 없고 시끄럽고 복마전 같은 일만 벌어지는 은사집회는 악령적 은사집회라고 하기에도 너무 천박스러운 경우가 많다. 그리고 무엇인가 영적 현상이 강하게 일어난다고 해도 상당 부분이 삶이 변화되는 게 아니라, 그 집회의 현상에 취하다가 끝나는 악령의 유사 은사인 경우가 대부분이다.

결론은, 영이 존재하는 이상 은사는 중지되지 않고 존속 된다는 것이다.

다만 '성령의 은사냐, 악령의 은사냐'의 분별이 중요하다.

오늘날 은사집회의 거창한 성령사역들에는 실제로 성령이 안 계신다고 보면 대충 맞을 것이다. 마치 붕어빵에 붕어 없고 잉어빵에 잉어 없는 것처럼 말이다.

성령이 안 계신 은사집회에 무엇이 있겠는가!

거기에는 삶에 지친 성도의 감정의 해원과, 은사집회를 주관하는 자의 영적 열심과, 그것을 이용하고자 하는 악령들의 그림자가 있을 확률이 매우 높다.

은사는 유익하면서도 유해한 것이다. 성령이 주시면 생명이 사는 은사일 것이고, 악령의 은사에 속으면 미혹되어 파멸로 이끄는 도구가 된다. 이것을 잘 분별해야 한다.

일부 기독교 사역자들은 자신의 영적 행위에 대해 그것이 옳았는지, 틀렸던 적은 없었는지, 틀렸다면 어떻게 해야 옳은지 전혀 반성을 하지 않는다. 오직 자기의 영적 행위만을 정당화하는 데 집중하며 깊은 공부를 하지 않는다. 그리고 막무가내 사역을 하는데, 성도들은 목사님이 하는 일이니까 그저 따를 뿐이다.

　가짜라도 좋고, 악령의 은사라도 좋으니, 정말 영이 역사하는 화끈한 은사를 한번 봤으면 좋겠다.

17.
하나님의 음성을 듣는 법

많은 기독교 신자들은 하나님의 음성을 듣고자 한다. 그것이 소원인 경우가 많다. 그리고 하나님의 음성을 듣는 사람을 부러워하기도 한다.

「하나님의 음성을 듣는 법」이라고 제목을 정했는데, 이를 더 상세히 말해 보자면 '하나님의 음성을 들을 수 있는 법이 있다'는 것이다.

그래서인지 하나님을 음성을 듣는 법에 대한 강의와 설교들이 많이 있다.

하나님의 음성을 듣기 위해서는, 먼저 하나님의 음성이라는 개념부터 정립을 해야 할 듯하다. 개념이 바로 서야 바른 시각이 도출될 수 있기 때문이다.

앞에서도 말한 하나님의 음성을 듣는 법이라는 주제는 세 가지 '하나님', '음성' 그리고 '듣는 법'이라는 것으로 나누어 볼 수 있다. 이는 하나님이라는 신이 음성을 말씀하시는데, 그것을 인간이 듣는 법이 있다는 뜻이다.

하나님의 음성을 듣는 법이라는 말씀이나 설교를 들어 보면, 말하는 주체이신 하나님의 음성을 듣는 인간이라는 객체가, 어떻게든 들어 보기 위해 모든 방법과 수단을 써야 한다는 것이다.

말하는 것을 듣기 위해 이 방법 저 방법을 쓰면 말하는 자의 음성을 들을 수 있다고 하는 것이다.

하나님은 무엇인가를 계속 말씀하시는데, 인간이 어떤 방법을 사용하면 하나님이 말씀하시는 것을 들을 수 있다는 것이다.

하나님은 신이시고 절대주권자로서, 하나님의 뜻과 섭리와 의지로 세상과 인간을 삶을 이끌어 가신다. 그런데 인간이 어떤 노력을 하면 하나님의 음성을 들을 수 있다는 것이다. 그리고 이러한 신앙 태도가 당연하고, 경건한 신앙의 한 형태로 인식되어지기에, 많은 사람들은 하나님의 음성을 듣기를 원한다. 어쩌다 하나님의 음성

비슷한 것을 듣게 되면 몇 날 며칠을 울었다고 하는 경우나, 몇 날 며칠을 감동하며 마음이 설레었다고 하는 소리도 자주 듣는 소리다.

이 세상에는 로또 맞는법, 투자에 성공하는 법, 부동산 투자에 성공하는 법 등이 있다. 그런데 과연 그들 말처럼 하면 로또 맞고, 돈 벌고, 부동산 투자에 성공할까? 그런 성공을 위한 자기 계발서를 쓴 사람 가운데도 크게 성공한 사람은 많지 않을 것이다. 그런데 더구나 하늘의 하나님의 음성을 듣는 법이 있다면, 과연 그 법대로 하면 하나님의 음성을 들을 수 있는 건지 의구심을 갖지 않을 수 없다. 과연 하나님의 음성 듣기를 가르치는 사역자도 매일 하나님의 음성을 듣는지 물어보고 싶기도 하다.

하나님의 음성을 듣는 것을 가르치는 사람들은 하나님의 음성을 듣기 위해 몇 가지 방법을 제시한다.

① 하나님의 음성을 듣는 법을 이야기하는 사람들은, 음성을 듣기 위해 방언기도를 오래 하라고 한다. 방언기도란 영의 기도인데, 영의 기도라면 어떤 영이 속에서 자기 소리를 내는 것이 방언인 것이다. 그런 기도를 오래 한다고 하나님의 음성을 듣는다는 생각이 어떻게 나왔는지 반성해 봐야 한다.

그리고 특히 방언기도는 영으로 하는 기도로, 그것이 방언의 형태를 갖고 하는 기도지만, 성령이 하시는 것인지 악령이 하는 기도인지 전혀 알지 못하고 할 때가 대부분이다. 그런 이유로 방언기도를 오래 하게 되면 인간은 영들과 접할 수 있는 위험성이 있다.

이것은 뉴에이지나 불교에서 말하는 명상이나 관상기도들의 위험성과 같다. 오래 기도를 한다는 것은 어떤 것이든 영적 존재가 접촉할 수 있다. 그리고 어떤 영적 존재가 접촉이 되었을 때 그것을 성령의 음성으로 착각하게 되는 것이다. 방언기도를 오래 한다고 해서 하나님의 음성을 들을 수 있다는 것은 실속 없는 관념의 종교적 비약일 뿐이다.

② 경건한 마음으로 오랜 찬양을 드리라고 한다. '오랜'이란 말을 조심해야 한다. 무언가에 몰입하면 영과 접촉할 수 있다. 이런 경우 찬양을 드린다고 해도 오히려 어떤 영과 접촉될 가능성만 높아질 뿐이다. 찬양이니까, 기도니까, 신앙 행위니까 안전한 것이 아니라 영적 원리를 제대로 알고 해야 안전한 것이다.

③ 하나님 앞에 겸손한 삶을 살라고 한다. 그러면 하나님의 음성을 들을 수 있다고한다.

④ 죄를 회개하고 죄에서 돌이키는 삶을 살라고 한다. 우리 내면의 숨은 죄나 습관적인 죄가 있다면 죄를 철저히 회개하고 죄에서 돌이키는 삶을 살 때 하나님의 음성을 들을 수 있다고 한다.

⑤ 성경 말씀을 읽고 묵상하며 말씀대로 살려고 할 때 하나님의 음성을 들을 수 있다고 한다.

⑥ 자기를 낮추고 교만한 마음을 내려놓고, 겸손하고 낮아진 마음으로 하나님 앞에 나아갈 때 음성을 들을 수 있다고 한다.

⑦ 자신을 하나님께 복종시키고, 자아의 육신의 생각을 죽이고, 영적인 삶을 살아야 하나님의 음성을 들을 수 있다고 한다.

⑧ 청결한 영혼으로 하나님께 경배하며 살 때 하나님의 음성을 들을 수 있다고 한다.

⑨ 하나님의 말씀에 귀 기울여 경건한 삶을 살아갈 때 하나님의 음성을 들을 수 있으며, 하나님의 음성을 들을 수 있도록 실천적 삶을 살려고 애쓸 때 하나님의 음성을 들을 수 있다고 한다.

위에 열거한 내용들이 하나님의 음성을 들을 수 있는 법들 중에 공통적으로 열거된 것들이다. 그리고 이 내용들 말고도 하나님의 음성을 듣는 법은 많이 있을 것이다.

지금 열거된 행동들을 하면 우리는 정말 하나님의 음성을 들을 수 있을까? 만약 열거된 행동을 하였는데 하나님의 음성을 듣는다면 어떻게 되는 것이며, 만약 위에 열거된 행동을 했는데도 못 듣는다면 누가 잘못된 것일까?

단 한 가지만 정확히 알면, 위에서 지적한 하나님의 음성을 들을 수 있는 행동을 해야 하나님의 음성을 들을 수 있다는 주장이 옳지 않다는 것을 알게 된다.

말이란 내가 하고 싶을 때 하는 것이고, 내가 하고 싶지 않을 때는 하지 않는 것이다.

누가 말을 하라고 하거나 누가 어떤 행위를 해서 말을 하는 것은 아니라는 것이다. 누가 어떤 행위를 하면 반드시 그 행위에 따라 말을 해야 하는 것은 더더구나 아닐 것이다.

즉 말은, 하는 존재가 자기의 필요에 따라 필요한 사람에게 필요한 방식으로 한다는 것이다. 인간도 이럴진대 하나님도 마찬가지라는 것이며, 하나님이시기에 더욱더 그러하다는 것이다.

하나님은 하나님이 말하고 싶으실 때 말씀하실 뿐이다.

이것이 답이다.

하나님도 하나님이 말하고 싶을 때 말씀하시는 것이고, 필요한 때 말씀하시는 것이지 하루 종일 말씀하는 것도 아니고, 인간이 어떤 행동을 한다고 해서 말씀하는 것도 아니라는 것이다.

하나님은 종일 한순간도 쉬지 않으시고 말씀하시는데 성도가 위에 열거된 신앙 행위를 하지 않기 때문에 못 듣는다고 생각해서는 안 된다. 성도가 위에 열거된 신앙 행위들을 하지 않는다고 계속 입을 다무시다가 성도가 위에 열거된 신앙 행위를 하면 입을 여시는 하나님이 절대 아니라는 것이다.

하나님은 인간의 행위와 상관없이 하나님의 의지대로 세계와 인간의 삶을 이끌어 가신다. 그리고 하나님은 멀리 계시는 신이 아니라 스스로 인간에게 찾아오시고, 인간들과 함께 거하시는 임마누엘의 하나님이시며, 하나님은 스스로를 계시하시는 분이시다.

그렇기에 하나님은 인간의 삶의 태도나 삶의 존재 형태가 어떻든 상관없이, 하나님의 필요에 따라 인간에게 자신을 계시하신다. 그리고 계시하시는 수단으로는 음성을 통해, 또는 감동을 통해, 레마의 말씀을 통해, 성령의 인도하심을 통해, 영의 민감함을 통해, 사람을 통해, 환경을 통해 여러 가지 방법으로 하나님이 주체가 되어 인간에게 계시하신다. 자기 백성에게는 확실하게 스스로를 드러내시고 계시하신다는 것이다.

성경의 인물들에게도 그들의 삶의 형태나 기도와 상관없이 그들을 찾아오셔서 계시하시고 이끌어 가시는 하나님이시다. 우리는 아브라함, 야곱, 요셉, 모세, 다윗, 바울 등의 경우에서 충분히 보지 않았는가? 그들이 하나님을 만나기 위해 수단을 사용한 것이 있는가? 하나님의 때에, 이들에게 하나님이 찾아오셔서 그들에게 필요한 사명을 계시하시고 끝까지 인도하신 것이다.

하나님은 자기 뜻을 분명히 밝히고, 그 뜻대로 사람을 이끌어 가신다.

하나님은 사람이 노력한다고 해서 침묵하시다가 입을 여시는 분도 아니고, 하루 종일 말씀하시는데 인간이 못 듣는 존재도 아니다. 하나님의 필요에 따라 필요한 사람에게 그 뜻을 나타내시고, 알아듣게 음성을 들려주시고, 계시하시고, 그 계시대로 택한 자들을 음성을 비롯한 여러 방법으로 인도하시는 하나님이시다.

따라서 위에 열거한 하나님의 음성을 듣는 법은, 하나님의 음성을 듣는 비결이 아니라 성도가 하나님 앞에 살아야 할 경건한 신앙 태도일 뿐이다.

그런데 성도가 행해야 할 경건한 신앙 태도가 하나님께 복을 받는 비결이 된다거나, 혹은 음성을 듣는 방법이 된다거나, 재앙을 막는 비결로 가르쳐지고 있다면 그것은 매우 슬프고 잘못된 가르침이다.

하나님의 음성을 듣는 법을 가르치는 사람과 그 방법을 말하는 사람들은 역설적으로 하나님의 음성을 들어 본 적이 없고, 성령의 인도도 받지 못했음을 스스로 고백하고 있는 셈이다.

그들이 정말 하나님의 음성을 들었고 성령의 인도를 제대로 받았다면, 하나님의 음성을 듣는 법이라는 것을 차마 가르칠 수 없는 일이다. 왜냐면 하나님의 음성은, 하나님의 백성이라면 하나님의 방법대로 들려주시기 때문이며, 그것은 인간의 노력으로 들을 수 있는 것이 아니라는 것을 알 것이기 때문이다.

신앙인이 마땅히 행해야 할 경건한 신앙 태도가 마치 하나님의 음성을 듣는 수단이 되고, 복을 받는 비결 혹은 재앙을 막는 법이 되는 왜곡된 신앙을 초래하여, 결과적으로 하나님의 음성을 듣는 법을 가르치는 사역자. 본인은 진정한 마음으로 열심히 성도를 가르쳤지만, 오히려 경건한 신앙의 태도를 하나님의 음성 듣는 법으로 왜곡시키므로, 본의 아니게 성도의 신앙을 왜곡시키고 자기도 하나님께 죄를 짓는 결과를 가져오는 것이다.

또한 하나님의 음성 듣는 법이 영적으로 위험한 것은, 하나님의 음성을 들으려는 욕망으로 이 방법 저 방법을 사용하는 행위가 오히려 그 욕망 안에 사단이 역사하게 하는 것이다. 그리하여 사단의 음성을 하나님의 음성처럼 포장하여 속게 하고, 그 사단의 음성에 영적으로 묶임을 통해 인간적 삶도 다 망가질 수 있다.

참으로 경건을 가장한 왜곡된 가르침으로 인해 분별하기 어려운 시대가 된 것이다.

말을 해야 할 주체는 자신이 필요할 때 자신이 말하고자 하는 사람에게 자신이 원하는 내용을 말한다.

하나님은 더욱더 그러하시다.

하나님은 하나님이 말하고 싶을 때 성도가 어떤 삶을 살든지 상관없이 말씀하신다. 그러므로 성도는 하나님의 음성을 들으려고 애쓸 것도, 음성을 들으려고 온갖 신앙 행위를 하려고 할 것도 없다.

왜냐면 하나님은 성도 각자 각자에게 필요하신 때 적절하게 여러 가지 방법으로 하나님의 뜻을 알게 하시기 때문이다. 하나님이 말씀하시면 들으면 되는 것이다. 그리고 하나님의 음성이 안 들려도 상관이 없는 것이다. 왜냐면 음성이 안 들린다고 하나님이 우리를 떠나신 것이 아니라 늘 함께하시기 때문이다.

그러므로 하나님의 음성을 듣는 법은 없으며 비결은 없다.

성도는 하루하루를 하나님의 자녀답게 경건하고 정직하고 바르게 최선을 다하여 살아가며, 늘 마음에 하나님을 경외하고 바라는 마음으로 살아가는 성도다운 삶을 살면 된다.

내가 무엇인가 하여 하나님의 음성도 듣고 뜻도 알아내고 표적도 구해올 수 있는 신앙이 아니라, 하나님이 인도하시는 대로 겸손히 살아가는 신앙을 살아가야 하는 것이다.

신앙은 훈련하는 것이 아니다.

신앙은 하나님의 뜻이 내 삶 속에 이루어지는 것을 보는 것이다.

하나님의 음성을 듣는 법은 딱 하나다.

하나님이 말씀하시면 들려온다. 그때 들으면 된다.

18.
인간이 기도로 하늘에서 불을 끌어올 수 있을까

인간이 존재한 이후로 종교는 인간의 삶과 문명을 창조하고 지배하여 왔다.

세계의 4대 문명 역시 발상지는 강이었지만 문명의 배경에는 종교가 존재하고 있다.

그러므로 세상에는 종교가 무수히 많은데, 고등 종교에서부터 민간신앙, 그리고 사이비들의 신흥 종교들, 오지 부족의 부족 주술 종교 등이 있다. 이것은 인간의 삶이 기본적으로 종교적이라는 것을 말해 준다.

세상에 존재하는 종교 집단은 종교의 규모가 크든 작든, 신과 사제단 그리고 평신도 그룹과 그 종교를 유지하는 교리와 종교의식, 상징 행위 등을 종교의 구성 요소로 삼아 종교생활을 영위한다. 또한 신에 대한 경외감을 가지고 극도의 순종의 자세를 보이며 신앙생활을 하고 있다. 그것은 매우 경건하고 신성이란 절대성을 가지고 있기에, 만약 신의 규범들을 어긴다면 그 사람은 종교 집단에서 파문되거나, 규율을 어겼기 때문에 종교법에 따라 처형되었을 것이다.

이 세상에 존재하는 어떤 종교도, 자기들이 믿는 신을 일개 인간인 사제나, 평신도가 불러내거나 명령해서 이용한다거나, 기도나, 찬양이나, 종교의식을 통해 신의 세계로 들어간다거나, 맘대로 신의 세계로 들어가 신의 것을 가져올 수 있다고 가르치지 않는다. 또한 종교 집단의 지도자가 평신도에게 신의 것을 가져올 방법을 가르치고, 신을 조종하고 명령하여 인간에게 유익한 것을 가져오자고 가르친 경우 역시 종교 역사상 존재하지 않았을 것이다.

그런데 오늘날 일부 기독교 교회에서 세계 종교 역사를 다시 쓰게 하는 일이 벌어지고 있다. 그것은 인간의 행위를 통해 하나님을 통제하고, 조종하고, 이용하고, 인간의 유익을 위한 도구로 사용하자고 주장하는 자들이 목사가 되어 성도들을 가르치고 있다는 것이다. 세계 종교 역사를 다시 쓰는 거짓 목사들이 대거 등장하여 사역하고 있는 어둠의 시대다.

그들의 주장은 대충 다음과 같다.

"우리가 기도하면 하나님이 일하신다."

"하나님은 우리가 말하기 전에 어떤 일도 하실 수 없고, 우리가 멈추라고 할 때까지 우리가 명한 일을 하신다."

"사람이 일하면 사람이 일할 뿐이지만, 사람이 기도하면 하나님이 일하신다."

등등 셀 수 없는 기이한 말과 자기 교리들이 쏟아지고 있다.

이들의 특징은, 신자가 어떤 행위를 하면 하나님은 신자의 행위에 반드시 응해야 하고, 응답해야 하고, 행동해야 한다는 것이다.

그러한 일 가운데 하나가 인간이 기도를 하여 하늘에서 불을 끌어오자는 주장이다.

이러한 주장은 사이비 신흥 종교에서도 들을 수 없는 소리지만, 이러한 설교가 기독교 일각에서 벌어지고 있고, 목사의 입에서 나오는 말이며, 그것도 자칭 영성을 한다는 목사의 입에서 나오고 있는 것이 현실이다.

구약의 레위기서의 주제는 "내가 거룩하니 너희도 거룩하라" 하는 것이다. 그리고 하나님의 거룩이 무엇이며, 거룩을 훼손하지 말 것과, 만약 거룩이 훼손되었을 때 어떻게 해야 거룩을 다시 회복하는지, 그 방법을 말해 주고 있는 영적 법칙의 보고가 레위기서다.

그리고 레위기는 거룩과 부정을 구분하여 준다. 거룩과 부정의 정의와 영적 원리, 그리고 거룩과 부정이 훼손되었을 때 다시 회복하는 것에 대한 영적 이치가 레위기에 들어 있다.

거룩은 하나님과 하나님께 구별된 하나님의 것이 거룩이다. 그래서 거룩은 관념적 대상이 아니라 실제로 존재하는 하나님과 하나님의 것이기 때문에, 물질적인 것을 봐야 한다. 그러므로 거룩은 세속적으로 절대 사용해서는 안 되고, 세속에 침노당해서는 안 되는 것이다.

반대로 하나님이 정한 삶에서 벗어나 죄악을 저지르거나 종교의 식상 더럽혀져서 오염된 것을 부정한 것으로 구분하고 있다.

그런데 이러한 거룩과 부정은 서로 관계를 맺고 있고 일정한 원리로 맺고 있다는 것인데, 이것을 잘 알아야 영적 원리의 일반적인 것들을 영분별하는 기준을 가질 수 있다.

명제는 한 가지.

거룩은 부정에 침노된다는 것이다.

이것이 무슨 말인가.

거룩한 것이 부정한 것과 접촉하면 거룩은 파괴되어 부정해지고, 부정한 것은 거룩해진다는 것이다. 반대로 부정한 것이 거룩한 것과 접촉하면, 거룩은 훼손되지만 부정한 것은 거룩해진다는 것이다. 거룩과 부정이 전이되어 바뀐다는 것이 레위기가 말하는 것이다.

이러한 영적 원리로 인해 하나님은 거룩이 훼손되는 것을 극도로 원치 않으신다. 그렇기 때문에 부정한 사람이나 부정해진 것이 하나님의 거룩한 공동체에 들어가는 것을 용납하지 않으셨고, 부정해진 것이 거룩한 공동체에 다시 들어오기 위해서는 부정을 씻어 내는 정결의식을 반드시 행해야 했던 것이다. 레위기에는 문둥병자의 정결의식, 시체를 만진 자의 정결의식, 산모의 정결의식, 유출병자의 정결의식 등 부정을 씻는 정결의식들이 나와 있다.

이것을 행하지 않고 부정한 것이 거룩한 것을 접촉하려고 하면, 그 부정한 것은 하나님의 진노를 받아 죽게 되거나 심판받게 된다. 따라서 부정한 사람이나 부정한 것이 거룩하게 되려면 부정을 씻어 내는 정결제사를 지내어 다시 거룩을 회복해야 했다. 이것이 레위기의 제사법들이다.

레위인이라는 존재는 하나님께 속한 장자 지파이기도 하였지만,

부정한 것이 성소를 침노하여 거룩을 훼손하는 것을 막기 위해 성소를 지키는 자들이기도 하였던 것이다.

반대로 거룩한 것이 부정한 사람이나 부정한 것에 접촉되는 경우, 거룩이 파괴되고 부정한 것이 거룩하게 된다. 부득이 거룩한 것이 부정한 것에 접촉하게 되는 경우에는 미리 거룩을 벗어 내는 의식을 행해야 한다. 이것이 바로 탈성의식으로 성스러움을 벗겨 내는 의식이라는 것이다. 이것이 레위기의 탈성의식이다.

구약 성경에 탈성의식을 행한 예를 살펴보면, 성물인 희생 제물의 고기를 삶은 그릇은 성물이 된 제물을 담았기 때문에 거룩이 전이되어 그 그릇도 거룩하다. 그런데 그것을 일상의 그릇으로 다시 사용하려면, 그릇에 깃든 성스러움을 제거하는 탈성의식을 거한다. 물속에 철저히 씻음을 통해 성스러움을 벗겨 내는 탈성의식을 행하는 것이다.

또한 만약 짐승의 고기를 삶아서 거룩해진 질그릇은 깨뜨려서 성스러움을 제거해 버리기도 한다.

그리고 광야로 아세살 염소를 보낸 사람도 하나님께 바쳐져 성물이 된 거룩한 아세살 염소와 접촉했다. 거룩에 노출되었기 때문에 이 사람이 일상으로 돌아가기 위해서는 자기 옷을 빨고 목욕을 하는 탈성의식을 행해야만 거룩을 벗고 일상으로 돌아갈 수 있었던 것이다. 또한 대제사장이 대속죄일에 지성소에 들어왔다가 제사를 마치고 일상으로 돌아가려면 어떻게 해야 했을까. 만약 대제사장이 입은 옷 그대로, 제사 드린 몸 그대로 일상으로 돌아가면, 거룩이 전이되어 거룩이 훼손된다. 그러므로 대제사장이 일상으로 돌아가기 위해서는 옷을 바꾸어 입고 목욕을 하는 탈성의식을 행하여야 했던 것이다.

또한 제사장은 세마포 긴 옷을 입고, 세마포 속바지로 하체를 가리고, 제단 위에서 불태운 번제의 재를 가져다가 제단 곁에 두고, 재를 진영 바깥 정결한 곳으로 가지고 갈때는 거룩한 옷인 세마포 긴옷을 벗고 다른 곳을 입고 나가야 했다.

하나님의 전쟁인 성전에 참여한 군인들은 거룩한 전쟁에 참여하였기 때문에 거룩이 전이된 거룩한 존재가 된다. 그러므로 이들이 전쟁에서 돌아와 일상적인 삶으로 돌아가야 할 때는, 7일 동안 진 밖에 머물러 옷을 빨고 몸을 정결하게 하여 거룩을 벗는 탈성의식을 행해야 했다.

이렇듯 정결의식과 탈성의식이 온전히 행해져야만 '하나님이 거룩하시니 너희도 거룩하라.' 하는 레위기의 주제가 온전히 지켜질 수 있다. 또한 그러한 신앙 공동체만이 온전한 하나님의 신앙 공동체라고 하는 것이 레위기의 핵심 주제인 것이다.

그렇다면 도대체 거룩이란 무엇일까.

거룩은 인간의 도덕적 완전함이 아니며, 영혼의 높이 고양된 상태를 말하는 것이 아니다.

거룩은 하나님과 하나님께 속한 것으로, 관념적인 것이 아니라 실제로 존재하는 실존적 존재라고 해야 한다. 그리고 원리로는 하나님의 것으로 구별된 것, 성스러운 것, 다시는 세속에 사용해서는 안 되는 것, 세속에 침노당해서도 안되는 것이 바로 거룩이다.

그리고 이렇게 하나님의 것이 되어 거룩해진 것이라고 표시하는 인치는 행위가 바로 기름을 붓는 것이며 기름을 바르는 것이다.

따라서 기름부음이나 기름바름은 하나님의 것이라고 인치는 행위라는 것이며, 기름은 인치는 수단인 것이다.

그렇다면 하나님이 기름을 부었다는 것은 무엇인가.

일단 하나님의 것으로 인쳤다는 것이지만 동시에 법적 신분을 부여한 것이라는 뜻이다. 그래서 왕, 제사장, 선지자에게 기름을 붓는 것은 그 존재가 하나님의 것이라는 것과 동시에 하나님이 그들에게 왕 혹은 제사장, 선지자라는 법적 신분을 주신 임명장과도 같은 것이다.

그리고 어떤 것은 기름을 바른다.

주로 성소에 쓰이는 사물들에게 기름을 바르는데, 성소에 쓰이는 사물들에 기름이 발라지면 그것은 비록 세속의 물건이었지만 기름이 발라지는 순간부터 하나님의 것이 되어 거룩해지는 것이다.

그러므로 기름 부어진 것, 기름이 발라진 것은 모두 하나님의 것이 되어 거룩한 것이 되고 성스러운 것이 되었다. 그렇기에 다시는 세속에 쓰이지 못하고, 허가받은 인간 외에 평범한 인간이 사용하거나 만지거나 접촉해서는 안 되는 것이다. 왜냐면 만약 기름이 부어진 것에 접촉을 하게 되면 부정이 거룩을 훼손하여 거룩이 파괴되기 때문이다. 그래서 부정한 인간이 기름이 부어졌거나 발라진 하나님의 것을 만지거나 접촉하게 되면, 하나님의 거룩을 훼손했기 때문에 그 존재는 반드시 심판을 받게 된다.

심판을 면할 유일한 길은 정결의식을 통해 죄를 속죄하는 것이다.

거룩과 부정 그리고 전이의 원리는 영적 원리의 핵심이다.

이 원리에 충실하다면 신자가 어떤 행동을 해야만 하나님이 행동하신다는, 이상한 목사들이 하는 소리가 얼마나 거짓되어 망령된 것인지 분별이 가능하다.

오늘날 일부 사역자들이 5~8시간 기도를 하여 하늘에서 불을 끌어오자고 하는 집회를 심심찮게 볼 수 있다. 그들은 심지어 자기들의 하는 기도를 밤에 틀어 놓고 자면 그 신령한 기도 덕에 만사가 풀린다고 한다.

5~8시간 기도하여 하늘의 불을 끌어오자는 것이다.

가능할까.

하늘은 하나님의 영역이다. 인간이 들어갈 수도 없고 들어가서도 안 되는 곳이다. 그리고 하나님께서 인간이 함부로 하늘에 들어오도록 그냥 두지도 않는다. 하나님은 안 된다는데 일부 목사님은 인간이 기도를 통해 하늘로 올라갈 수 있다고 말하면서, 함께 5~8시간을 기도하면 하늘의 불을 끌어내릴 수 있다고 주장하고 있는 것이다.

하늘은 어떤 곳일까?

그곳은 영들이 사는 곳이다. 그리고 하나님이 사는 곳이며, 하나님이 사는 곳은 거룩한 처소다. 그런데 이러한 거룩한 곳에 욕심을 가진 타락한 인간이 기도로 들어가게 된다면, 하나님이 사시는 하늘은 부정한 인간으로 인해 거룩이 훼손되어 더럽혀질 것이다. 하나님이 거룩이 부정에 전이당하는 것을 그냥 놔두시지 않는다.

출애굽기 19장

10   여호와께서 모세에게 이르시되 너는 백성에게로 가서
오늘과 내일 그들을 성결하게 하며 그들에게 옷을 빨게
하고

11 준비하게 하여 셋째 날을 기다리게 하라 이는 셋째
    날에 나 여호와가 온 백성의 목전에서 시내 산에
    강림할 것임이니

12 너는 백성을 위하여 주위에 경계를 정하고 이르기를
    너희는 삼가 산에 오르거나 그 경계를 침범하지 말지니
    산을 침범하는 자는 반드시 죽임을 당할 것이라

13 그런 자에게는 손을 대지 말고 돌로 쳐죽이거나 화살로
    쏘아 죽여야 하리니 짐승이나 사람을 막론하고
    살아남지 못하리라 하고 나팔을 길게 불거든 산 앞에
    이를 것이니라 하라

14 모세가 산에서 내려와 백성에게 이르러 백성을
    성결하게 하니 그들이 자기 옷을 빨더라

15 모세가 백성에게 이르되 준비하여 셋째 날을 기다리고
    여인을 가까이 하지 말라 하니라

이 말씀은 땅으로 강림하신 하나님이 임재하신 처소에도 이스라
엘 백성이 침노하면 죽을까 하여 경계하는 말씀이다.

그리고,

출애굽기 19장

23 모세가 여호와께 아뢰되 주께서 우리에게 명령하여
    이르시기를 산 주위에 경계를 세워 산을 거룩하게 하라
    하셨사온즉 백성이 시내 산에 오르지 못하리이다
24 여호와께서 그에게 이르시되 가라 너는 내려가서
    아론과 함께 올라오고 제사장들과 백성에게는 경계를
    넘어 나 여호와에게로 올라오지 못하게 하라 내가
    그들을 칠까 하노라

즉, 하나님이 거하시는 거룩한 곳에 부정한 인간이 침노할 경우 거룩을 훼손한 죄로 인해 죽을까 하나님이 걱정하시며, 절대 그 경계를 넘지 말라고 모세에게 당부하고 있는 구절이다.

그런데 5~8시간 기도로 하늘 문을 열고 하늘에 올라갈 수 있다고 무슨 근거로 가르치는가. 만약 정말 기도로 하늘에 오르고 하늘 문을 연다면 아마 그 목사는 그 자리에서 즉사했을 것이다.

더욱이 하늘 문을 열고 불을 끌어내리자고 한다.

하늘의 불이 무엇인가.

하늘의 불이라는 것은 영을 말한다. 그런데 보이지 않는 영이 힘이 너무 강하고 크기 때문에, 그 힘이 응축된 것이 인간 눈에 불의

형상으로 보여지는 것이다. 즉 하늘의 불이란 하늘에 속한 영으로, 영적 힘이 매우 강한 영적 존재라는 것이다. 그리고 그 존재의 힘이 강하여 불의 형상으로 나타나는 것이다.

성령이시든 아니면 하나님께 속한 영이든 불이란 것은 힘이 매우 강한 어떤 영이라고 정의할 때, 이 불은 하나님의 것이고 하나님께 속한 거룩한 존재인 것이다.

그런데 하나님의 영역인 거룩한 하늘에 있는 매우 강력한 힘을 가진 하나님께 속한 영적 존재를, 부정한 인간이 기도나 찬양 등의 행위로 하나님의 영역으로 들어가 이 능력의 존재를 끌어내릴 수 있다는 발상 자체가 되지 않을 소리를 하고 있는 것이다.

인간의 어떠한 행위로든 하늘이라는 신의 영역으로 올라갈 수도 없고 하나님이 허락하지도 않는다. 더욱이 하나님께 속한 영을 인간이 끌어내리도록 좌시하지 않는다.

그곳은 거룩한 곳이기 때문에 부정한 인간을 받아들이거나 침노당할 경우 거룩한 하늘의 신성이 훼손되기 때문에, 만약 부정한 인간이 온갖 수단을 써서 하늘에 닿는다면 그 인간은 그 즉시 즉사할 것이다.

그런데 아직도 살아서 매일같이 5~8시간 기도하면 불을 끌어내릴 수 있다고 주장하는 것이 역설적으로 한 번도 하늘에 올라간

적이 없다는 것을 말해 주며, 거짓말을 하고 있는 것을 반증해 주는 것이다.

올라가면 죽는다.

더욱이 하늘에 올라가 불의 형상의 큰 에너지인 영적 존재를 끌어내린다면 그 영적 존재를 보는 즉시에도 즉사할 것이다. 그런데도 살아서 매일같이 기도하여 하늘 문 열고 불을 끌어내릴 수 있으니 기도하자고 한다.

거짓말을 자인하고 있는 것이다.

인간은 자신의 영과 육적 크기에 비해 강하고 큰 영이 역사하게 되면, 그 인간은 살지 못하거나 인간의 정상적 삶을 살지 못하게 된다.

그런데 부정한 인간이 기도를 통해 하늘 문을 열고 불의 형상을 가진 강력한 영을 끌어내어 그 놀라운 능력을 인간의 세속적 욕망을 위해 영권 인권 물권의 형태로 맘껏 이용하자는 것이 그들의 주장이다. 신성모독을 넘어 무지한 자가 순진한 성도의 종교성을 이용하는 막무가내 논리 앞에 아연실색할 뿐이다.

그러나 그들의 주장을 들은 성도들은 자신의 현재 고단한 삶을 어떻게든 하나님께 도움받고 벗어나기 위해, 정말 기도하면 불 받고 돈이 어디서 들어올지도 모른다는 생각을 한다. 불이 오면 자신의 영적 문제가 해결될 수 있다는 기대감을 안고 매일같이 그 교회에 가서 밤새 5~8시간씩 기도한다. 그리고 낮에는 집에서 자고 또 밤에 가서 기도를 한다.

그러다가 가끔식 하나님께 물질 바치면 더 빨리 불 받을 수 있다고 하는 교묘한 헌금 강요에 속아, 그나마 있는 돈, 없는 돈을 끌어내어 그 교회의 목사의 주머니에 헌납한다. 심지어는 대출까지 받아 헌금을 내고도, 돈이 없는 자기가 대출받은 것 자체가 기적이라면서 하나님께 감사한다는 간증을 하는 경우를 보게 된다. 이것이 오늘날 일부 교회의 현실이다.

부정한 인간은 하나님이 거하시는 거룩한 하늘에 들어갈 수 없다. 그리고 부정한 인간은, 거룩한 하늘에 있는 하나님 소속의 불의 형상을 가진 강력한 영적 존재를 끌어내릴 수 없다. 만약 가능하다면 그 사람은 거룩에 접촉되는 순간 즉사할 것이다.

그런데도 오늘날 일부 교회는 유튜브에서 5~8시간을 기도하여 하늘에 불을 끌어내리자고 한다. 거룩을 훼손하는 신성모독의 발상이다.

그러므로 이제 거룩과 부정의 전이라는 영적 명제가 분명히 서면, 하늘에 불을 끌어내자는 목사의 소리가 얼마나 거짓된지 분별할 수 있다. 거짓 목사의 가르침으로 인해 신앙이 파탄 나고, 경제적으로 털리고, 잘못된 신앙관을 갖게 되어, 되돌리기에 얼마나 고생을 겪어야 하는가.

날마다 그런 곳에서 기도를 하면서 한탕을 기다리지 말고, 세상에 나와 열심히 사는 것이 하나님의 뜻일 것이다.

19.
기도문 쓰기와 영서, 부적은 본질이 같은 것이다

책이나 노트에다 자신이 원하는 것을 기도문 형태로 쓰라고 하는 경우를 많이 듣는다.

심지어 어떤 사람이 중병에 들었는데 "예수께서 채찍에 맞음으로 내가 나았다."라는 말을 만 번 쓰니 병이 나았다는 간증을 하는 것을 들어 본 적이 있다. 때로는 구체적 기도문을 작성하여 아침에 열 번, 저녁에 열 번씩 그 기도문의 소원이 이미 일어난 것처럼 읽으면 반드시 기도문의 내용같이 응답이 이루어진다고 가르치는 교회도 있다. 그러면 삶의 문제가 갈급한 성도들은 목사님의 가르침에 따라 기도문을 작성하여 이미 이루어진 것같이 매일 쓰고 읽고, 응답이 오길 기다리는 것이다. 그것이 바로 그런 교회의 신앙의 유형일 것이다.

쓰면 쓴대로 이루어진다는 것이다. 마법처럼 말이다.

그럼 혹시 이러한 행위가 마법적 행위는 아닐까.

두고 볼 일이다.

정말 쓰면 쓴 대로 이루어질까.

이루어지는 사람도 있고, 안 이루어지는 사람도 있을 것이다.

그러나 일부 교회는 소원이 이루어진 사람의 간증을 위주로, 계속 기도문을 작성하고 읽는 신앙을 성도에게 가르칠 것이다.

기도문과 달리 '영서'라는 것이 있다.

영적 존재가 강하게 내 손을 사로잡아 쓰는 글씨라는 것이다.

무속인이나 영에 실린 사람들이 신령에게 사로잡혀 쓰는 글씨를 영서라고 한다. 영서를 성도들에게 쓰라고 가르치는 교회들이 간혹 있는데, 주로 신사도 운동류의 가르침을 받은 목사님들이 시무하는 교회에서 많이 한다.

그리고 이들은 그 성경적 근거로, 간음하다 잡혀 온 여인을 돌로 치려는 군중에게 예수님이 땅에 무언가를 써서 그들을 뒤로 물러서게 하였는데, 그때 땅에 쓴 무언가가 영서라고 주장한다.

영서란 것이 내가 원치 않았는데 어떤 영이 내 손을 잡고 쓰는 것이라고 할 때, 영서를 쓰게 하는 영에 웬만큼 사로잡히지 않고는 쓰기 힘든 것이다. 그런데 신사도 운동류나 근본도 알 수 없는 곳에서 영성을 배웠다는 일부 목사님들이 자기들도 칠판에 영서를 쓰고, 성도들에게도 나와서 영서를 쓰게 하고, 심지어는 노트를 구하여 매일같이 볼펜을 잡고 자기의 감정 가운데 가장 괴로운 감정을 그저 볼펜이 가는 대로 써 보라고 하기도 한다. 그리고 해석을 해 주기도 한다.

영서를 해석하려면 영서를 쓰게 하는 영이 와서 해석을 해 주어야 정상 아닌가. 그런데 목사님이 때마다 영서 쓰고 때마다 해석하는 것은, 솔직히 목사의 자기 생각을 이야기하는 것이다. 하지만 이미 그 신령한 목사의 이상한 영적 행위를 우러러보는 성도들은, 목사의 영서 해석을 하나님이 자기에게 주시는 계시로 받아들이고 아멘으로 화답한다는 것이다.

영서의 글씨체는 대부분 지렁이 기어가는 모양, 구불구불 산 모양, 타원형들이 빙글빙글 그려지는 모양, 때로는 뱀 기어가는 것 같은 모양이 대부분이다. 그리고 이것을 목사님이 해석을 해 주든지, 아니면 성도에게 해석을 해 보라고 하는 경우를 볼 수 있다.

그런데 문제는 이러한 영서를 쓰니까 실제로 어떤 영적 현상이 벌어지더라는 것이다.

A라는 목사가 영서를 쓴 날 그 교회 성도들 중 일부가 몸이 몹시 아픈 현상이 일어나기도 하고, 이상한 꿈을 꾸기도 하고, 몸져누워 며칠을 일어나지도 못하기도 하고, 머리가 아프거나 어지러워 힘들어하는 등의 현상이 일어난다는 것이다.

왜 이런 영적 현상이 일어난 것일까.

그것은 영서를 쓸 때는 영서를 쓰는 사람의 마음이 실리기 때문이다. 즉, 영서를 쓸 때 쓰는 사람의 영이 실리기 때문이라는 것이다. 만약 목사가 성도에게 "당신이 가장 미워하는 사람에 대해 영서를 써 보라."라고 할 때 그 성도가 미워하는 사람을 생각하고 영서를 쓰게 되면, 미워하는 마음이 영서에 담긴다.

또한 마음이 몹시 불안할 때 불안한 마음을 영서로 쓰는 경우, 불안을 영서로 표현했기에 영서에는 불안의 감정이 담기게 된다는 것이다. 그렇다면 불안의 감정이란 곧 불안의 영을 말하는 것인데, 이 불안의 감정으로 쓴 영서는 다른 말로 하면 불안의 영이 실린 영서를 쓴 것과 같은 것이 된다. 그럴 때 영서는 그 불안의 감정의 더욱더 증폭되는 현상으로 쓰여지게 될 것이다.

영서를 쓴다는 것은 쓰는 사람이 무엇을 쓰는지, 그리고 쓴 것에 대해 해석을 할 수는 없다. 하지만 분명한 것은 영서 속에는 영서를 쓴 사람의 영적 기운이 증폭되어 깃들게 된다는 것이다.

이러한 영적 원리가 있기 때문에, 영서가 무엇인지는 몰라도 영서를 쓰게 되면 영적 현상이나 감정을 강하게 느끼게 되는 것이다. 그래서 영서를 쓰면 그 교회 성도들이 영적으로 무언가를 반드시 느끼게 되는 것이다. 영서에 이런 영적 원리가 있는데도 목사들이 성도에게 영서를 쓰게 하는 경우가 있다.

이것은 목사가 성도를 악한 영의 밥이 되게 하는 짓이다. 정말 무지를 넘어 죄를 짓는 것인데도 버젓이 영서를 쓰라고 가르치고 있다.

그렇다면 같은 논리로 내가 소원이나 바램을 적는 기도문을 쓴다고 한다면, 내가 쓰는 기도문은 영서와 달리 내가 알면서 쓰고, 쓰고 나서도 알아들을 수 있는 것이다.

"나는 부자가 될 거야."

부자가 되고 싶은 마음을 알아듣게 쓰면 소원기도문이고, 알아듣지 못하게 썼다면 영서가 되는 것 아닌가!

부자가 되고 싶은 나의 간절한 마음이 기도문이든 영서든 글씨로 표현하여 썼다면, 그 기도문이나 영서에는 나의 영적 기운이 깃들어 있는 것이고, 나의 영적 기운이 깃들이 있는 기도문이나 영서에는 그때부터 나의 영적 기운과 비슷한 영들이 역사하기 시작한다.

부자가 되고 싶은 간절한 염원이 글씨 형태로 날마다 쓰여지고 간절히 바라고 꿈꾸며 이미 이루어진 것처럼 읽는다면, 부자가 되고 싶어하는 나의 영적 기운이 깃들어지게 된다. 그러면 그와 비슷한 영을 끌어당겨 와 부자가 되는 경우가 있다는 것이다.

마법이란 내가 바라고 원하는 것을 생생하게 이미지를 떠올리고, 이루어진 것처럼 상상하고, 말하고, 행동하면 우주의 어떤 영과 접촉이 되어 그 영들의 도움으로 내가 원하고 바라는 것이 이루어지는 것을 말한다.

만약 기독교 신자가 부자가 되고 싶은 자신의 소망이 담긴 기도문을 매일 작성하고 읽으면서 바라고 꿈을 꾸어서 이루어졌다면. 그것은 기독교의 하나님이 이루어 주신 것이 아니라, 사람 안에 있는 부자가 되고 싶은 욕망의 영이 글씨 형태로 기도문 속에 깃들어 비슷한 영을 끌어당긴 마법적 행위를 한 것이다.

그리고 마침내 기도문대로 응답이 왔다면, 성도는 자신은 하나님께 온전한 신앙 행위를 하였고 응답이 왔다고 기뻐한다. 하지만 사실은 간절히 원한 소원의 영과 비슷한 영을 끌어들여 소원을 이루게 된, 이방종교의 마법을 온전히 실행하여 이루어진 것이다.

그러나 역설적으로 어떤 사람은 동일하게 기도문을 쓰고, 매일같이 그 소원을 다시 쓰고, 읽고, 바라고, 꿈을 꾸었는데 이루어지지 않는다. 그런 경우는 오히려 기뻐해야 한다. 기도문을 매일 쓰고 읽고 바라고 꿈꾸는 행위가 마법의 행위였지만, 하나님이 그것을 막아 주었기 때문에 소원이 이루어지지 않는 것이다. 그러니 이후부터는 더 이상 그러한 마법적 행위를 해서는 안 된다.

이것이 얼마나 역설인가.

이루어진 것이 하나님의 응답인 줄 알았더니 오히려 마법을 행한 것이고, 이루어지지 않아 낙심했더니 그것이 오히려 마법을 막아 주신 하나님의 은혜였다는 것이다.

응답을 받지 못한 것이 축복이라는 것이다.

하나님은 자기 백성이 소원을 이루기 위해 구체적 소원기도문을 매일 쓰고 매일 읽고 바라고 꿈꾸는 마법적 행위가 이루어지도록 내버려 두지 않는다는 것이다.

어떤 마음을 가지고 글을 쓴다는 것은 영이 깃든 글이라는 것, 그 글은 비슷한 영을 끌어올 수 있다는 것을 알아야 한다. 그것이 알고 쓰는 기도문이든 모르고 쓰는 영서든 영적 본질은 같다는 것이다.

같은 맥락으로 부적은 무엇인가.

어떤 영적 능력이 있다는 사람이, 자기의 영력이 담긴 글을 노란 종이에 주황 글씨로 써서 귀신을 막고 복을 불러들이고 재앙을 막아 준다고 쓴 글씨가 부적인 것이다. 부적에는 부적을 쓰는 사람의 영의 기운이 반드시 깃들 것이다. 그렇다면 부적 역시 모양은 글씨지만, 영적 본질은 부적을 쓴 사람의 영이 깃든 기도문이나 영서라고 정의할 수 있다는 것이다.

정리하면, 기독교에서 일부 목사가 쓰라고 하는 소원기도문이나 영서나, 스님이나 무당이 썼다는 영서나 부적은 모두 영적 기운이 깃든 글씨다. 또한 그 글씨가 원하는 비슷한 영을 끌어당기는 역할을 하는 주술 도구라고 할 수 있다는 데서 영적 본질이 똑같은 것이다.

알아듣게 쓴 것은 기도문이고, 못 알아듣게 쓴 것은 영서고 부적일 뿐이다.

이런 것들은 쓰는 글씨 안에 이미 영이 깃들기 때문에 그 영이 원하는 것을 해 줄 다른 영을 끌어들인다는 점에서도 본질이 같다.

이런 본질이 있기 때문에, 기도문을 써서 소원이 이루어지는 것은 비록 소원이 이루어져 삶이 부자가 될지언정, 영적 실상은 내 삶에 귀신을 끌어들인 초혼 행위와 같은 것이다. 영서를 쓰는 것 역시 마찬가지로 내 삶에 귀신을 끌어들이는 초혼 행위인데, 특히 영서는 더 강하게 귀신을 끌어들인다. 이것을 안다면 목사가 어떻게 성도에게 영서를 쓰라고 가르칠 수 있는 것인지?

그래서 재앙을 막고 귀신을 막고 복을 불러들인다는 부적을 많이 붙이고 소지한 집 치고, 부적을 쓴 자의 영과 부적이 끌어당긴 영들로 인해 귀신이 득실거리지 않는 집이 없다. 바로 이런 영적 이치 때문이다.

같은 논리로 기독교 안에서도 어떤 목사의 지도로 소원을 말하는 기도문을 매일같이 적는다. 그 목사의 영과 기도문 적는 사람의 영적 기운이 기도문 속에 깃들어 설령 마법처럼 기도문이 이루어졌다고 해도, 영적 실상은 기도문을 작성한 자가 목사의 악한 영을 비롯하여 내 소원을 이루어 줄 수많은 악령들을 끌어당기는 일이 벌어진 것이다. 오히려 악령에게 장악되는 영적 현실을 초래하게 되는 것이다.

그러므로 바라고 상상하고 꿈꾸고 생생하게 그리고 글로 쓰고 읽는 행동은 악령을 불러들이는 초혼 행위이며, 이것은 소원이 이루어질 수 있는 가장 개연성이 높은 행동이다. 그러므로 마법적 행위라고 부르는 것이다. 마법적 행위를 기독교 교회에서 목사가 성도에게 가르치고 있고 성도는 그것을 따라 하고 있다면 말이 되겠는가!

기독교 신자는 기도문을 작성하고 읽고 이미 이루어진 것처럼 말하고 행동하는 마법적 행위를 절대 해서는 안 되는 것이다. 더욱이 영서를 쓰라고 하는 목사가 있다면 반드시 거절해야 하고, 가능한 그를 떠나는 것이 유익하다.

소원기도문을 작성하는 것은, 자기 소원을 이루기 위해 수많은 영들을 초혼하는 알아듣는 영서와 부적을 쓰는 것이기 때문이다. 기독교 신자가 마법을 행하고 있는 것이기 때문이다. 소원을 이루려 하다가 영을 초혼하는 행위를 통해 귀신에게 자신과 집이 완전히 장악되는 일이 벌어지기 때문이다.

집에 숨겨 놓았던 부적은 찾아내어 불태우며 영적 전쟁에서 승리했다고 자랑한다. 그러면서 자신은 부적 같은 한글 소원기도문을 쓰고 염불에 가깝게 날마다 읽어 대며 소원 성취를 꿈꾼다.

소원기도문의 영적 본질은 주문이고, 읽은 행위는 진언을 외는 것이며, 이러한 것을 계속하는 것은 주술 행위인 것이다.

기도제목을 구체적으로 적어 기도문을 작성하여 날마다 정한 숫자만큼 읽고, 이룬 것처럼 말하고, 행동하라고 가르치는 교회. 더 나아가 영서를 쓰라고 하는 교회와 목사의 가르침의 영적 실체는, 마법을 행하라고 하는 마법사의 가르침일 뿐이다.

나는 그 가르침대로 했을 뿐인데, 내가 마법을 한 거라고?

맞다. 마법을 행한 것이다.

무엇 때문에 하나님의 자녀에서 마법사가 되려고 하는가.

20.
종교 지도자의 자기계시화의 위험성 — 조작과 통제

계시의 정의는 '비밀로 감추어져 있던 것이 드러나는 것'이다.

감추어져 있던 것이 드러난다는 것은 인간의 힘으로 감추어져 있는 것을 드러내는 것이 아니라, 비밀을 말하고자 하는 신의 뜻을 인간에게 나타내는 것이다.

인간의 힘으로 신의 뜻을 드러내는 것은 이방종교의 예언 행위로, 주로 도구나 비방을 사용하여 신의 뜻을 드러내려고 한다. 이를 총칭하여 주술 행위라고 하며, 반대로 인격적 신인 하나님은 인간의 주술적 행위로 인해 하나님의 뜻을 계시하는 경우는 없다.

오로지 하나님의 뜻에 따라 기독교 예언자를 택하여 계시를 보여 주시는 것이 특징이다.

마법·주술이란 인간의 생각, 말, 행동, 도구 등을 사용하여 신의 뜻을 알아내거나, 신의 힘을 조종하여 인간의 문제를 해결하려고 하는 모든 방법을 말한다. 그러나 인간의 힘이 개입될 수 없고 오직 하나님의 주권만이 역사하는 기독교 안에서는 하나님을 조종하려는 어떠한 주술이나 사술 행위도 용납되지 않는다.

계시라는 것은 영적 존재가 하는 것이므로, 영적 존재가 이 세상에 존재하는 한 계시는 중지될 수 없는 것이다. 기독교에서도 성령이 계시기 때문에, 기독교의 계시도 중지될 수 없는 것이며 존속되는 것이다.

그러나 영적 존재의 의지의 발현인 계시는, 영들의 목적과 뜻에 따라 역사와 인간의 삶에 계시되므로 간헐적이라는 것이 특징이다.

하나님의 계시도 간헐적이고, 악령들의 계시도 간헐적이라는 것이다.

즉, 영들이 존재하는 이상 계시는 존재한다. 다만 영적 존재가 주는 계시는 매우 간헐적이라는 것을 분명히 알아야 한다.

예수님께서는 요한복음 3장에 표적을 구하는 니고데모에게, 사람이 거듭나야 천국에 들어갈 수 있다고 하셨다. 또한 사람은 성령으로 인해 거듭나야 한다고 말씀하셨다. 그리고 성령이 인간을 거듭나게 하는 행동은, 바람이 임의로 불매 그 소리는 들어도 어디서 와서 어디로 가는지 알지 못하는 것처럼, 성령으로 난 사람도 그러하다고 말씀하셨다.

성령이 인간을 중생시킬 때 그 안에는 하나님의 뜻을 나타내는 계시도 들어 있을 수 있다. 하나님의 계시는 간헐적이지만 사람을 통해, 말씀을 통해, 사건과 사물을 통해, 환경을 통해, 성경을 통해, 성령의 감동과 레마 등을 통해 간헐적으로 하신다. 그래서 인간은 하나님의 뜻을 늘 알 수는 없는 것이지만, 바람이 임의로 불매 소리는 들어도 어디서 와서 어디로 가는지 알지 못하는 것처럼, 비록 성령의 계시와 행하심은 분명히 알 수는 없어도, 성령으로 인해 성령으로 거듭나는 길로 인도하신다는 것이다.

계시가 많든 적든 상관없이 하나님은 하나님의 뜻대로 성도를 중생하는 길로 이끄신다는 것이다. 계시는 하나님의 뜻을 이루는 데 종속적 조건이란 뜻이다.

계시의 속성은 간헐적이라는 것이 핵심이다. 그러므로 인간이 어떤 행위를 하여 주파수를 맞추면 늘 신의 뜻을 알아낼 수 있다고 주장하는 것은 모두 거짓말이라는 것이다.

그러므로 점쟁이들이 신의 계시를 받아, 점집으로 찾아오는 모든 손님의 미래를 맞춘다는 것이 얼마나 허구인지 알 수 있다. 같은 맥락으로 기독교 예언·은사집회에서 목사나 예언 사역자가 기도를 받으러 오는 성도마다 예언을 해 주는 것이 얼마나 허구인지 바로 알 수 있는 것이다.

영들은 자기 목적에 따라 행동하고 말하는 존재지, 인간이 필요에 따라 행동하고, 인간의 돈에 따라 말하고, 인간의 목적이나 비방에 굴복하여 계시하는 존재들이 아니다. 따라서 손님마다 신의 뜻을 점쳐 주고, 신자마다 하나님의 뜻을 예언할 수 있다는 그 발상 자체가 틀린 것이다.

계시는 주로 종교 권력의 정점에 있는 자들이 많이 받는다. 기독교로 치면 목사나 기도원 원장, 불교는 스님이나 법사, 무속인, 그리고 점쟁이들이 계시를 받는다. 그런데 이들의 문제는 허구한 날 신의 계시를 받는다는 데 있다.

신의 계시는 신의 목적에 따라 간헐적인데, 이들은 신의 계시가 날마다 자기들에게 임하는 것처럼 하는 것이 문제라는 것이다.

그때부터 계시는 신의 뜻이 아니라 종교 지도자의 뜻이 신의 뜻으로 왜곡되어 성도들에게 전해지는 일이 만연된다는 것이다. 이렇게 되면 신의 뜻으로 빙자된 종교 지도자의 뜻이 계시화의 옷을 입고, 교회 집단과 성도의 영혼을 통제하고 조종하여 지도자의 종교 권력의 수단으로 삼는 계시의 조작화가 시작된다는 것이다.

계시의 조작화가 빈번하고 강력하게 시도되면, 그 지도자의 뜻은 신의 교리가 되고 그 지도자는 교주가 되는 일이 벌어진다는 점에서 계시는 위험성을 갖게 되는 것이다.

또한 종교 지도자가 만든 계시가 확대되고, 종교 지도자의 뜻이 신의 대리자의 권한으로서의 계시로 행해져 자리 잡으면, 교회의 전통으로 굳어지게 된다. 대표적인 종교 세력이 카톨릭이라고 본다. 카톨릭은 일부 카톨릭 이론가들이 만든 논리들 가운데 자기들의 종교 권력에 이용하기 좋은 논리를 차용하고, 성경 외에 수많은 그들의 가르침을 교회의 전통으로 수용하고, 그 논리들을 교회의 교리로 가르치고 있는 것이 현실이다.

예를 들면 카톨릭의 마리아 4대 교리로는 하느님의 어머니 마리아, 평생 동정 마리아, 무염시태 마리아, 몽소승천 마리아 교리가 있다. 거기에 더해 하늘황후 마리아, 공동구원자 마리아, 심지어는 하나님, 예수님, 성령님에 마리아가 한 위격으로 더해지는 성사위일체를 주장하는 사람도 있을 지경이다. 그런데 필자의 관점에서 볼 때 어처구니없는 이러한 이야기들이 교리가 되어 카톨릭에서는 믿음의 대상이 된다.

더욱이 이러한 교리들은 성경에는 전혀 나와 있지 않은데도, 오직 카톨릭 교회 지도자들이 교회 권력을 공고히 하기 위해 논객들의 사상을 교회 전통으로 받아들여 교리화시킨 것이라 생각한다. 이것은 계시는 아니지만 인간의 사상을 위해 성경을 변개하여 합리화시키고 교회의 전통화시킴으로, 카톨릭 신자들은 기독교에서 벗어난 이교적 여신 숭배를 기독교화한 마리아 교리를 믿으며 신앙을 하고 있는 것이라고 생각한다. 그 얼마나 위험한 것인가!

이와 같은 맥락으로 기독교 안에서도 종교 권력 지향적 일부 목사들은 특이하게도 집회 때마다 계시를 받고, 성도를 만날 때마다 하나님이 말씀을 주신다고 하면서 계시를 전하고, 자기가 기도를 하다가 하나님이 교회에 대해 말씀하신 것이 있어 전한다고 하기도 하고, 이 특이한 목사는 때마다, 일마다, 하나님의 계시를 받고, 그것을 교회와 성도에게 전하면서 그 뜻에 죽기까지 순종하라고 가르친다는 것이다.

이렇게 되어 버리면 목사가 받은 계시가, 말이 하나님의 계시지 사실은 목사 개인의 생각일 뿐인데, 목사의 생각이 하나님의 계시로 빙자되어 목사의 뜻이 교리가 되어 버리며, 관념적 경전이 되어 교회를 지배하는 관습법이 되어 버리고, 목사는 그 교회의 교주가 되어 버리는 일이 벌어진다는 것이다. 이것이 하나님의 뜻을 빙자한 계시의 위험성이라는 것이다.

하나님으로부터 오는 계시는 위험한 것은 아니다. 그것은 인간에게 유리하든 불리하든 온전히 하나님의 뜻이기 때문이다.

그러나 계시를 마치 신의 뜻인 것처럼 가장하여 종교 지도자가 자기 뜻을 계시화의 조작을 통해 성도를 영적으로 묶어 버리고, 통제하고, 마음껏 조종할 수 있다. 또한 자기화한 계시를 자기 종교 집단에서 따라야 할 믿음의 전통 혹은 지도자의 개인 교리로 삼아 성경보다도 종교리더의 생각이 더 높아지고, 성경은 그 리더의 사상을 합리화시켜 주는 도구로 전락시킨다. 종교 지도자인 목사의 생각이 교회를 지배하고, 성도를 목사의 개인 성도로 묶어 버리고 통제할 수 있다는 것이 조작된 계시의 위험성이라는 것이다.

이러한 계시의 조작에 대한 유혹으로 인해 일부 목사들은 자기의 뜻을 하나님의 뜻으로 변개시키려는 유혹을 받게 된다. 어떤 목사는 결국 그 유혹에 굴복하게 된다. 그러면 목사들이 자기 생각을 하나님의 뜻으로 빙자하게 되고, 목사의 계시가 관습적 교리가 되어 교회를 지배한다. 그리하여 성도의 영을 묶고 통제하게 되어 목사가 교회의 작은 교주가 되어 버리게 되므로, 교회는 예수님의 교회가 아니라 목사가 교주가 되어 버리는 신흥 종교 집단으로 전락해 버린다.

따라서 목사들의 잦은 계시는 충분히 의심해야 하고, 목사가 계시를 빙자하여 교회를 통제하고 성도를 조종하고 목사의 뜻 아래 순종하도록 강요한다면, 성도는 그런 교회에서 나와야 한다.

계시는 간헐적이며 성도 개인에게 직접적이다.

하나님은 성도에게 직접 말씀하시거나 성경을 통해 말씀하셔도, 목사를 통해 성도에게 직접 말씀하지 않는다.

때마다 일마다 집회마다 하나님의 음성과 감동을 받고 심지어 계시를 받으며 하나님이 말씀 주셨다고 하는 사람은, 필히 의심해야 한다.

21.
엘리가문의 멸망과 한국 교회 세습 비교

한나라는 여인이 있었다. 그는 엘가나라는 에브라임 지파 사람
의 아내였지만, 자식이 없는 것을 슬퍼하고 애통해 하였다. 당시에
나 오늘날에도 자식을 성태하지 못한다고 하는 것은 가문과 개인
의 수치이며, 신의 재앙 혹은 저주가 임하여 태가 닫혔다고 생각한
다. 그렇기에 아이를 낳지 못한 여인은 그 가문에서 아내로서 정체
성도 없고, 신분도 확실치 못한 존재가 되고, 노년에 돌봐 줄 보호
자가 없는 비참한 신세가 되기도 하였다. 그래서 자식은 반드시 필
요한 존재였는데 한나는 불행하게도 무자한 신세였던 것이다.

엘가나에게는 또 한 명의 아내가 있었는데 브닌나였다. 한나는 자식을 가진 브닌나의 격동으로 인해, 자식이 없는 수치심은 더욱 커져 가고, 늘 수심이 가득한 삶을 살게 되었다. 하지만 한나는 애통하는 기도 끝에 아이를 성태하게 되는데, 이 아이의 이름이 사무엘이다. 이스라엘 역사상 최초의 사사이자 선지자이자 제사장이었던 사무엘이 탄생한 것이다.

당시 사람들은 자식을 낳지 못하는 것은 신의 진노를 받은 것이라고 생각했지만 하나님은 사래, 리브가, 라헬, 마노아의 아내들에서 보듯이 하나님의 큰 일을 할 사람을 태어나게 하기 위해 때론 태를 막는 일도 있었다. 한나의 태가 막혔던 것도 하나님의 큰 일을 할 사무엘이 태어나기 위해 한나의 태를 막았던 것이다.

아기 사무엘이 태어난 후 한나는 아이 사무엘을 실로 있는 여호와의 성전에 봉헌하였다. 당시 실로 성소에는 엘리가 제사장으로 있었을 때로 엘리는 늙고 비둔한 자였으며, 실로 성전에 엘리와 사무엘 두 사람의 등장은 이스라엘 역사가 사사시대에서 왕정을 넘어가는 파란만장한 역사의 변곡점이 시작되었음을 알리는 것이기도 하였다.

그런데 심상치 않은 것은, 사무엘서 2장에 엘리가문에 대해 하나님의 극렬한 분노와 심판이 선고되고 있다는 것이다. 하나님의 심판은 엘리가문에 대한 헤렘의 선포일 정도로 극렬하였고 엘리가문을 진멸하겠다는 심판은 사무엘상 2장 27~36절에 잘 나와 있다.
그 내용은,

① 엘리가 하나님의 처소에서 환난을 보게 될 것과

② 엘리의 집의 팔(힘과 능력과 권세)을 끊어 노인이 없게 하는데 모든
   자가 젊어서 죽게 된다는 것과

③ 엘리의 가문을 제사 사역에서 끊지는 않겠지만 쇠약해져서 보는
   이로 하여금 슬프게 한다고 하였고

④ 표징으로 홉니와 비느하스가 한날에 죽게 한다고 하였으며

⑤ 하나님 마음에 합한 충실한 제사장을 새로 세운다는 것이다

⑥ 엘리의 후손들이 생계를 위해 제사장의 일거리를 맡겨 달라고 구
   걸할 정도로 비참할 지경에 이르게 되는 것으로 엘리가문에 헤렘심
   판이 끝이 난다

그리고 훗날, 이 예언의 말씀처럼 엘리의 불량 아들 홉니와 비느
하스는 블레셋과의 전쟁에서 같은 날 동시에 죽게 된다. 블레셋과
의 전쟁에서 패하고 법궤를 빼앗겼다는 소식을 듣고 엘리 제사장
역사 목이 부러져 죽게 되는 일이 벌어진다. 비느하스가 죽었다는
소식을 들은 그의 아내는 이가봇을 해산하는 도중에 죽게 된다.

엘리 자손들은 비느하스의 아들인 아히둡과 이가봇이 남게 된다.

그리고 아히둡은 아히야를 낳고 아히야는 아히멜렉을 자식으로 두는데, 아히멜렉은 놉땅의 제사장으로 사울에게 피한 다윗을 도와 거룩한 떡과 골리앗의 칼을 준 사람으로 사울이 놉땅의 제사장 84명을 죽일 때 죽임당하게 되고, 그의 아들인 아비아달만이 겨우 목숨을 건져 다윗시대에 사독과 함께 제사장이 된다. 하지만 아비아달 또한 다윗 말년에 솔로몬과 아도니야의 왕위 쟁탈 내전에서 아도니야의 편을 들므로 아나돗으로 추방되는 불운을 겪게 된다.

이러한 모든 사건에 대해 성경은 하나님께서 실로의 엘리가문에게 선포하신 예언의 말씀이 성취된 것이라고 말하고 있다.

엘리 집안은 도대체 무슨 죄악을 저질렀기에 가문이 헤렘을 당하게 된 것일까.

엘리가문의 몰락을 통해 한국 교회의 세습 문제의 심각성을 비교해 본다.

엘리가문이 몰락하게 된 모든 원인은 엘리의 두 아들 홉니와 비느하스 때문이다. 성경은 이들을 불량자이며 여호와를 알지 못한 자라고 하였다. 도대체 하나님을 알지 못한 불량자들이 어찌 제사장이 될 수 있었을까? 율법에 의하면 제사장직은 세습에 의해 계승되므로 일정한 나이가 되면 제사장직이 계승된다. 그들은 세습

에 의해 신분이 제사장이 되었어도 실상은 하나님을 알지 못했고
가치가 없는 자들이었다는 것이다.

　이들의 죄악은 사무엘상 2장에 잘 나와 있다.

사무엘상 2장

12　엘리의 아들들은 행실이 나빠 여호와를 알지 못하더라
13　그 제사장들이 백성에게 행하는 관습은 이러하니 곧
　　어떤 사람이 제사를 드리고 그 고기를 삶을 때에
　　제사장의 사환이 손에 세 살 갈고리를 가지고 와서
14　그것으로 냄비에나 솥에나 큰 솥에나 가마에 찔러 넣어
　　갈고리에 걸려 나오는 것은 제사장이 자기 것으로
　　가지되 실로에서 그 곳에 온 모든 이스라엘 사람에게
　　이같이 할 뿐 아니라
15　기름을 태우기 전에도 제사장의 사환이 와서 제사
　　드리는 사람에게 이르기를 제사장에게 구워 드릴
　　고기를 내라 그가 네게 삶은 고기를 원하지 아니하고
　　날 것을 원하신다 하다가
16　그 사람이 이르기를 반드시 먼저 기름을 태운 후에 네
　　마음에 원하는 대로 가지라 하면 그가 말하기를
　　아니라 지금 내게 내라 그렇지 아니하면 내가 억지로
　　빼앗으리라 하였으니

17 이 소년들의 죄가 여호와 앞에 심히 큰 그들이
여호와의 제사를 멸시함이었더라

이들은 제사의 제물을 가마나 솥이나 남비에 삶을 때 세 살 갈고리로 찔러 걸려 나오는 것을 자기의 것으로 취했고, 제물의 기름을 태우기도 전에 날고기를 먼저 가져가거나 억지로 빼앗기도 하였다고 한다. 이들이 드리고 있는 제사는 화목제사로, 화목제는 기름을 불살라 제단에 드린 후에 고기를 삶아서 삶은 고기를 제사장 몫과 제사를 드린 자의 몫으로 나눠 먹는 제사다. 특히 희생 제물의 기름과 피는 하나님의 성물로 인간이 취해서는 안 되고 하나님께만 드리는 것인데, 엘리의 아들들은 기름을 드리기도 전에 고기를 챙기고 고기를 삶고 있는데 제멋대로 좋은 것을 먼저 취하는 죄를 범한 것이다.

그리고 이 악행을 실로에서 살면서 실로 성전으로 제사를 드리러 온 자들에게만 행한 것이 아니라 온 이스라엘에서 제사를 드리러 온 사람들에게 행함으로, 하나님의 제사를 멸시하고 그 죄악으로 인해 이스라엘 전체가 제사를 가볍게 여기도록 만드는 죄악도 함께 저지른 것이다.

이러한 엘리 제사장의 두 아들들의 행동은 율법의 절차와 규정

을 무시하고 제사를 멸시하고 이를 누룩처럼 이스라엘에 퍼뜨린
죄악이다. 단순히 제사제물을 탐내어 탈취한 것뿐 아니라 하나님
과 이스라엘 백성간에 맺은 언약과 제사 제도를 파괴한 신성모독
이었다는 점에서 그 심각성이 있는 것이다.

사무엘상 2장

22 엘리가 매우 늙었더니 그의 아들들이 온 이스라엘에게
    행한 모든 일과 회막 문에서 수종하는 여인들과
    동침하였음을 듣고
23 그들에게 이르되 너희가 어찌하여 이런 일을 하느냐
    내가 너희의 악행을 이 모든 백성에게서 듣노라

그리고 엘리의 두 아들이 회막에서 수종드는 여인들과 동침하는
죄를 저질렀다. 이 여인들은 성소 내에서 일정 직분을 부여받고 봉
사하던 여인들이다. 이들과 동침하였다는 것은 단순히 성소에서
음행을 저지른 것만이 아니라, 하나님의 성전에서 하나님이 가장
가증스럽게 여기는 가나안 다산종교의 성 제의를 행했다는 것이
문제인 것이다. 엘리의 두 아들은 하나님의 전에서 가나안의 다산
제사를 드린 것이다.

그리고 이것이 엘리 귀에 들렸는데, 이때 엘리는,

사무엘상 2장

24 내 아들들아 그리하지 말라 내게 들리는 소문이 좋지
아니하니라 너희가 여호와의 백성으로 범죄하게
하는도다

25 사람이 사람에게 범죄하면 하나님이 심판하시려니와
만일 사람이 여호와께 범죄하면 누가 그를 위하여
간구하겠느냐 하되 그들이 자기 아버지의 말을 듣지
아니하였으니 이는 여호와께서 그들을 죽이기로
뜻하셨음이더라

엘리가 아들들에게 이 정도까지 말할 정도면 엘리는 자기 아들들
이 거룩한 성소, 거룩한 땅에서 저지르는 신성모독의 죄악에 대해
돌로 쳐 사형을 시키거나 진 밖으로라도 쫓아내야 했었다. 그러나 엘
리는 자신의 아들들의 죄악을 지적은 하였지만 방관하였던 것이다.

도대체 엘리가문의 죄악은 어떤 것이었을까.

성경은 그들의 죄를 제사를 멸시하고 성소를 더럽혔기 때문이며,
성전에서 가나안의 성제의를 하면서 음행을 저질렀기 때문이라 하
였다. 이러한 성경적 관점 위에서 엘리가문의 죄악에 대해 다른 관

점에서 생각해 보면 다음과 같다.

거룩이란 무엇일까.

거룩은 몸과 마음, 생각과 행동이 경건하고 정결한 것을 말하는 것이 아니다. 이처럼 구별 역시 어떤 존재와 다르게 인식되는 것도 아니다. 그리고 거룩은 관념이나 철학이 아니라 실존이라는 것을 알아야 한다.

거룩은 하나님과 하나님께 속한 모든 것을 말한다.

아무리 쓸모없는 것도 하나님께 속하면 거룩하고 구별되어진 것이며, 아무리 가치없고 더러운 것이라도 하나님께 속하는 순간 그것은 거룩하고 구별되어진 것이다. 그리고 하나님께 속하여진 거룩한 것은 다른 말로하면 성물이라고 할 수 있다. 그래서 하나님께 속한 하나님의 성막에 있는 모든 것들, 대제사장, 제사장, 수종하는 여인, 물두멍, 지성소, 번제단, 성소 휘장 등등 성소에 있는 모든 것은 모두 거룩한 것이다.

그리고 이렇게 하나님께 속한 것은 구별된 것이다. 그러므로 하나님께 속한 모든 것은 하나님의 소유로 어떤 경우에도 세상적으로 쓰일 수 없으며 사람이 자기의 것으로 삼아서도 안 된다. 만약 누군가가 하나님의 것을 제 것으로 삼는다면 그는 반드시 헤렘, 즉 진멸당하게 되는 것이 하나님의 정한 법칙인 것이다.

실례로 가나안 정복 전쟁 당시 여리고 성 전투는 하나님께 속한 성전이었는데, 성전의 전리품들은 헤렘 즉 진멸 당한 것이 되어 하나님의 것이었다. 하나님께 속한 것이기에 사람이 이것을 취하면 그 역시 헤렘당하여 진멸되게 되었다. 하지만 아간이 하나님의 것을 도적질함으로 아간과 그의 권속들이 아골골짜기에서 모두 헤렘당한 이유가 바로 하나님의 것을 도적질하였기 때문이다.

엘리의 두 아들이 하나님의 진노를 야기한 범죄 중 하나가 제사를 멸시한 죄였다. 제사란 죄를 지어 부정한 사람이 하나님에게 제물을 들고 나가 하나님의 단에서 죄를 용서받고 다시 정결한 상태로 돌아가는 종교 예식이라고 볼 수 있다. 또한 그때 들고 나간 제물은 하나님의 것으로 바쳐져 죄로 오염된 사람을 정결케 하는 매개체가 되며 성물이 되어진다.

그런데 엘리의 두 아들이 제사에 드려진 제물을 제 것으로 여기고 멋대로 취한 것은 하나님의 것을 제 것으로 취한 죄를 범한 것이다. 헤렘으로 바쳐진 것을 취한 사람은 스스로 헤렘이 되는데, 엘리의 두 아들이 하나님의 것을 제 것으로 취함으로 인해 하나님의 성물을 취하는, 거룩을 훼손하는 죄악을 저지른 것이다.

엘리의 아들들의 죄악이 또 하나가 적시되고 있다. 그들이 회막문에서 수종하는 여인과 동침을 하였다는 것이다. 이것은 일견 보면 음행의 죄를 저지른 것처럼 보이지만, 이 음행의 죄악 역시 본질은 거룩함을 훼손한 죄라는 것이다. 대제사장이 일년 일차 속죄일에 속죄를 위해 지성소에 들어가기 위해 그 전날 밤에는 거의 잠을 자지 않는다. 이는 혹시 자면서 몽설하면 스스로 부정해지기 때문이며 대제사장이 부정해지면 대속죄일에 제사를 드릴 수 없기 때문이다.

또한 레위인은 성막을 지키는 자들로 누구든지 성막을 비정상적인 방법으로 침입하는 자들은 죽이게 하였다. 이는 성막의 거룩함을 침범하는 자들에 대한 하나님의 거룩의 훼손을 막기 위한 조치였다. 그런데 거룩한 장소인 회막문에서 여인들과 음행을 했다는 것은, 음행의 죄 이전에 하나님의 거룩함을 극렬하게 훼손했음을 뜻하는 것이다.

위에 적시한 엘리의 아들들의 죄는 내용상으로 여러 가지 추론은 가능하다. 하지만 이들의 죄의 공통점은 하나님의 것, 즉 성물을 범하여 거룩함을 극렬하게 훼손했다는 공통점이 있다는 것이다. 성물이란 헤렘을 당한 것으로, 헤렘을 당한 것을 취한 자는 헤렘의 심판을 받는 것이 원칙이다. 그렇기 때문에 엘리 아들들의 죄는 하나님의 극렬한 진노를 초래하여 헤렘의 심판을 받게 된 것이다.

하나님은 거룩하시기 때문에 부정이 하나님의 거룩을 훼손하는 것을 가장 싫어하신다. 그래서 부정이 하나님의 거룩을 침범할 때는 하나님이 충돌하사 부정을 없애 버리시는 것이 하나님의 법이다. 엘리 아들들의 죄악은 하나님의 것과 하나님의 것 중에 가장 거룩한 성물을 인간이 자기의 것으로 삼아 하나님의 거룩을 훼손했기 때문에, 하나님이 엘리가문과 충돌하여 엘리가문이 완전히 헤렘 당하는 결과를 가져왔다고 생각해 볼 수 있다.

이와 같은 관점에서 한국 교회의 세습 문제를 바라볼 수 있다.

오늘날에는 대형 교회에서 시작된 교회 세습이 중형 교회, 심지어는 동네에서 조금 크다 하는 교회에서도 쉽게 찾아볼 수 있게 되었다. 아들에게 세습하는 경우가 대부분이다. 그러나 아들이 없는 경우나 특별한 경우에는 딸이 세습하고 그것도 아닌 경우 사위가 세습하는 경우를 볼 수 있다.

교회는 하나님의 것일까, 목사님의 것일까, 목사님 아들의 것일까, 당회나 장로들의 것일까, 그 교회 교인들의 것일까.

교회는 하나님의 것으로, 거룩한 것이며 성물이다. 어쩌면 성물 중에 가장 귀한 지성물일 수 있다. 그렇다면 교회는 오직 하나님께만 속한 것이며, 성물이며, 거룩하게 구별된 곳이다. 그런데 교회가 그 교회의 목사나 목사 아들 그리고 당회나 혹은 목사님을 따르는 성도들이 서로 기도하고 결정하여 목사님의 아들에게 교회의 목회를 위임한다고 의결하고, 목사님의 아들에게 세습되어진다면. 교회는 하나님의 것이 아니라 인간 집단의 것. 목사님과 목사 아들의 것이 되는 것이다.

하나님의 것인 교회를 목사가 자기의 자식에게 상속하고 그 일에 성도를 동원하며 성도는 그것을 맹목적으로 추종하는 일은 하나님의 것을 훼손하는 신성모독의 짓과 다름이 없는 것이다.

교회 상속 혹은 교회 세습의 문제는 거룩을 훼손한 죄라는 관점에서 보면 하나님의 거룩을 훼손한 엘리가문의 죄와 비교해서 손색이 없을 정도의 하나님의 거룩을 훼손한 죄라고 볼 수 있다는 것이다.

교회, 성도, 목사, 목사 아들은 모두 하나님의 것으로, 거룩하며 구별된 존재들이다. 그런데 목사와 성도들이 서로 협의하고 기도하여 결정했다는 미명하에 목사의 아들에게 교회를 세습하고, 목사의 아들 역시 교회 세습이 자신에게 주시는 하나님의 축복이자 감수해야 할 사명의 쓴잔이라고 하면서 세습으로 교회를 받는다. 그렇다면 그것은 예수께서 십자가에서 피 흘려 세우신 성도와 교회와 예수님의 대속으로 인해 세워진 하나님의 나라를 목사와 목사 아들의 나라로 만드는 것이다. 나아가 십자가에서 흘린 예수님의 피를 철처히 짓밟는 행위를 한 것과 다름이 없는 것일지도 모른다.

엘리의 아들들이 성전에서 하나님의 것을 자기 것으로 만듦으로 하나님의 거룩을 훼손하여 헤렘당한 것처럼, 하나님의 것인 교회를 마치 목사 개인의 사유물인 양 목사의 아들에게 세습하는 행위. 그것은 하나님의 거룩을 훼손하여 헤렘 당한 엘리가문의 아들들과 엘리의 죄악과 크게 다를 것이 없을 것이다.

나아가 하나님의 것을 인간의 것으로 만들어 거룩을 훼손한 엘리가문의 죄악처럼 헤렘을 당할 수도 있다는 두려움을 가져야 할 것이다.

따라서 목회자들은 더 이상 자기의 자식들에게 교회를 세습함으로 하나님의 거룩을 훼손하는 짓을 멈추고 성도 역시 이러한 죄에 가담하는 죄를 짓지 말아야 한다.

엘리가문에 임했던 헤렘이 심판이 일어나지 않는다고 누가 보장을 하겠는가!

교회도, 목사도, 목사 아들도, 성도도 모두 하나님의 것이다. 그래서 성물이며, 구별되었고 거룩한 존재들이다. 그러므로 스스로 자신을 살펴 세속에 물들이지 말아야 한다. 세상에 속한 자처럼 타락하고 거짓되고 부패하여 하나님의 거룩을 훼손하는 죄악에 두어서는 안 된다.

하나님의 것은 하나님의 것이다.

하나님과 하나님께 속한 모든 것이 거룩이다. 그러므로 사람의
것이 되어서는 안 된다.

22.
교회런과 사명자

'뱅크런'이라는 말이 있다.

이 말은 경제 위기가 가중되어 시중에 돈이 마르게 되면 위기를 느낀 사람들이 은행이 부도 날 것을 우려해서, 은행으로 자기 예금을 찾으러 다급히 뛰어가는 것을 뜻한다.

그런데 오늘날에는 뱅크런과 비슷한 '교회런'이 일어나고 있다.

오늘날 목사가 되는 사람들이 양산되고 있는 것은, 목사라는 직분이 가진 존귀함과 신성함 때문일 것이다. 가문에 목사가 한 명 생기는 것이 가문과 개인의 영광이라고 생각하기 때문이다. 또한 기독교의 독특한 문화로서 목사 집안 자녀들은 하나같이 목사로 세워지고, 목사가 집안에서 나오는 것을 가문의 영광으로 생각해서 어머니들이 안수한(?) 목사들이 부지기수로 쏟아져 나오기 때문이기도 하다.

또한 담임목사가 자신의 교회의 믿음이 좋은 성도들에게 신학을 권유하여 목사가 되라고 하기도 한다. 어떤 성도가 질고로 인해 고통을 당하는 경우, 영성하는 여자 목사들이 질고를 겪는 성도에게 이렇게 가르친다. 신학해야 하는데, 신학을 하지 않으니까 하나님이 치시는 것이라고 경고하는 것이다. 그래서 질고를 겪는 사람들을 자신의 신학교에서 신학을 하게 하고, 목사 안수를 주는 경우를 비일비재하게 보게 된다.

또한 어떤 경우는 목사가 된 사람이 자기 형제나 자매들도 목사가 되라고 신학을 권유하기도 한다. 자식은 당연히 목사가 되게 하는 것이 관습적이라 할 정도다. 목사 직분이 하나님의 선택에 의해 주어지는 직분이 아니라, 사람의 영광을 구하고, 가문의 영광을 구하고, 질고를 면하고, 사회적 신분 상승을 하기 위한 직분으로 전락하고 있는 것이 오늘날 현실이기도 하다.

그러나 성경에서 보듯이 하나님은 시대마다 하나님의 뜻을 이룰 사명자를 파송하신다. 시대에 맞게, 시대 상황에 따라 하나님께 합당한 자를 보내 주시는 것이다. 그리고 그 사람에게는 하나님이 정하신 사명이 주어지고, 그 사명에 따라 사명자의 삶은 정해지는 것이다. 성령은 사명자가 하나님이 주신 어렵고 고난스런 사명을 감당할 수 있도록 능력으로 도우시며, 사명을 감당할 수 있도록 함께하시는 것이 임마누엘인 것이다.

완악한 시대가 하나님의 사명자를 부르고 하나님은 적절하신 때 그 시대를 책임지고 나갈 사명자를 파송하신다.

그런데 하나님이 파송하는 사명자의 수는 성경적으로 보아도 그리 많지 않았다는 것이다.

야곱은 이스라엘 민족을 창설할 사명으로 인해 이스라엘이란 이름으로 바뀌어지며, 그 사명을 감당하도록 하란에서 20년의 타향살이를 하다가 고향으로 돌아와 가나안에 정착하며 살았다. 하지만 고향에서 생을 마감해야 할 노년에 또다시 이국땅에서 타향살이를 하며, 그의 사명인 이스라엘 12지파를 완성하는 파란만장한 삶을 살다가 애굽에서 생을 마치게 된다. 야곱의 일생의 전 존재는 하나님이 주신 사명에 바쳐진 것이다. 이것이 야곱에게 주신 하나님의 사명이었다.

요셉에게는 12지파가 온전히 세워질 수 있도록 애굽에서의 길을 여는 사명을 감당케 하였다. 그러기 위해 요셉은 어린 나이에 어머니 라헬을 잃고, 어린 동생 베냐민을 두고 형들에 의해 노예를 팔려져, 보디발의 지하 감옥에 수년을 갇혀 지내야 하는 삶을 산다. 그러다가 마침내 애굽의 총리가 되어 이스라엘 12지파가 애굽에서 한 민족을 구성하는 길을 여는 사명을 감당하게 된다.

모세도, 다윗도, 에스라도, 느헤미야도 모두 한 시대에 하나님이 필요한 대로 쓰신 사명자들이었다. 이사야도, 예레미야도 하나님의 뜻에 따라 시대에 경종을 울리는 사명을 감당한 사람들이었다.

신약에 들어와서는 기독교를 핍박했던 사울이 바울이 되어 이방인의 선교자로서 자기 일생을 바치며 기독교를 세계 종교로서 세우는 사명을 감당하게 된다. 그 모든 것이 인간의 노력과 뜻에 의해서가 아니라 하나님이 한 시대를 감당하도록 허락하신 사명자들을 통해 하나님이 일하신 결과들인 것이다.

이 결과들이 보여 주듯 하나님의 사명자는 하나님이 보내 주시며, 시대와 상황에 맞게 적절한 때에 세우시고 일하게 하시어, 하나님의 나라를 세우고 유지하게 하신다. 그러므로 오늘날처럼 수많은 사람들이 뱅크런을 하듯 수많은 이유를 대고 교회로 들어와 목사가 되는 교회런이 과연 하나님의 뜻일지 반성해 보아야 한다.

한국에는 목사들이 양산되고 있으며 안수를 받고 목사가 되었지만 오히려 그들이 교회와 성도들에게 큰 걸림돌이 되어 문제를 야기하는 경우가 많다.

특히 일부 영성한다고 하며 신학교를 운영하는 사람들이 질고에 빠진 성도들에게 신학을 강요하며, 사명 감당 안 해서 하나님이 치셔서 고통이 왔고 그래도 신학 안 하면 자식까지 데려가실지도 모르며, 그래도 순종 안 하면 목숨마저 치신다고 협박하는 소리를 한다. 거기에 두려움을 가지며 동시에 질고의 지친 성도가 돌파구로 삼는 것이 신학하여 주의 종이 되는 것이다.

사람이 목사 직분을 제멋대로 남발하여 권하고 주고받는 것이 오늘날 세태인 것이다.

그러나 이제는 영성한다는 일부 목사가 질고에 빠진 신자들에게 주의 종 사명 감당 안 해서 하나님이 치셨다고 하는 말과 그러니 신학해서 사명 감당하라고 하는 말은 더 이상 듣지 말아야 한다.

그리고 기도 좀 해 보고 다짜고짜 하나님이 주의 종으로 택했는데 순종 안 한다고 하면서 하루빨리 신학하여 목사가 되라고 권하는 사람들의 목소리도 더 이상 듣지 않아도 된다.

그리고 사명 감당할 때가 되었는데 왜 목사 안수 받지 않느냐고, 사명 감당할 때가 이미 지났는데 어서 사명 감당하라고 하면서, 목사 안수 받기를 재촉하는 음성에 더 이상 귀 기울이지 말아야 한다.

사명 감당 안 한다고 하나님이 치시고 자식 데려가시고 목숨 거두어 가시는 일은 단언컨대 없다. 신학 안 하고 주의 종 안한다고, 불순종했다고 해서 사업 망하게 하고 병으로 치고 사고로 치고 심지어 목숨 거두어 가는 하나님은 이 세상에 어디에도 없다.

하나님이 사명을 주셨다면 그 사람이 사명을 감당하게 하시지, 사람이 사명 감당 안 한다고 해서 자식 병들게 하고, 그 사람 죽이고, 사업 망하게 하고, 집안 풍지박산 나게 하는 하나님이 아니라는 것이다. 그가 정말 참된 사명자라면 어떤 방법이시든 사명을 감당하게 하실 것이다.

하나님이 택하는 직분인 목사의 직분이 무지하고 욕심 많고 분별 없는 자들에 의해 양산되는 세태다. 목사직이 하나님이 주시는 것이 아니라 인간들이 서로 주고받는 직분이 된 것이다.

더 이상 사명 타령 하며 성도와 아들을 목사로 만드는 세태는 사라져야 할 것이며 목사가 되려는 사람도 자신이 진정 택함을 받았는지 깊이 생각하여야 한다.

23.
바알에게 무릎을 꿇지 않은 칠천의 본질은 무엇인가

바알이라는 존재는 고대 가나안의 주신이었다.

바알의 성격은 비와 풍우신이었는데 비와 풍우의 신이라는 이름에서 볼 수 있듯이 비가 생명을 살리는 생명의 근원이며, 다산을 일으키는 근원이다. 그렇기에 바알이라는 존재는 비와 바람을 통해 가나안 사람들에게 생명을 주고 다산과 풍요를 주는 신이었다고 믿어졌다. 그렇기에 사람들이 바알신을 숭배하게 된 것이다.

이것을 다른 말로 쉽게 설명하면 가나안인들이 원하는 것을 가장 잘 이루어 줄 것이라고 믿은 존재가 바로 바알이었다는 것이다.

즉 가나안인의 기복을 가장 잘 해결해 줄 것이라고 생각되는 존재가 바알이었다는 것이다. 이스라엘 백성 역시 이스라엘 백성의 기복을 가장 잘 해결해 줄 존재를 하나님이라고 생각하지 않고 바알이라고 생각하였다. 그렇기 때문에 하나님을 좇지 않고 바알을 좇는 삶을 살게 된 것이다.

더욱이 무릎을 꿇었다는 것은 자신의 신으로 받아들이고 순종하겠다는 의사표시다. 그러므로 바알에게 무릎을 꿇었다는 것은 바알을 자기들의 주신으로 받아들이겠다는 것을 말한다.

그렇다면 바알에게 무릎을 꿇지 않은 칠천이라는 말은 무슨 말인가.

그것은 바알을 주신으로 섬기지 않는 사람의 수가 칠천이 되었다는 말이고 달리 말하면 칠천 명을 제외한 대다수 이스라엘 백성이 바알을 주신으로 섬겼다는 것을 말하고 있다.

이스라엘 백성은 바알이 무엇이기에, 바알을 섬기게 된 것일까.

바알의 신상은 황소의 모습이었다.

이스라엘 백성들이 바알을 섬기고 바알의 신상인 황소상앞에 절하고 복을 빈 것은, 황소신상이 좋아서 바알이 좋아서 경배한 것이 아닐 것이다. 이스라엘 백성이 바알을 섬긴 것은, 이스라엘 백성이 원하는 풍요와 다산을 가장 잘 이루어 줄 것 같은 능력을 가진 신이라고 믿었기 때문일 것이다.

만약 바알을 섬겼는데 그해 다산이 오지 않고 흉년이 왔고 그렇게 몇 년이 지났다면, 그때에는 사람들은 더 이상 바알을 섬기지 않고 자기에게 풍요와 다산을 줄 다른 신을 찾았을 것이다. 그 신이 문제를 해결해 줄 것을 믿고 그 신의 형상에 절하고 경배할 것이다. 그런데 정말 그 다른 신에게 경배했더니 풍년이 오고 다산이 왔다면 사람들은 더 이상 바알을 섬기지않고 다른 풍요의 신에게 계속 예물을 드리고 절하고 경배하며 섬길 것이다.

이와 같은 관점에서 볼 때 바알을 숭배한다는 것은 바알 자체를 숭배하는 게 아니라는 것이다. 바알을 숭배한다는 것은, 다산와 풍요를 줄 것 같은 대상이라면 그게 어느 것이든지, 언제든지 그 신적 존재를 경배하여 다산과 풍요를 보장받고자 하는 것이다. 그러한 신앙 체계가 바로 바알에게 무릎을 꿇는 신앙이라는 것이다.

우상이란 하나님보다 더 좋아하는 것, 하나님보다 더 높이는 것이 우상이 아니다.

우상이란 나의 문제를 해결해 주고 내가 원하는 것을 이루어 줄 수 있을 것같이 믿어지는 대상이 우상이다.

그래서 아들을 낳고자 하는 여인에게는 제주도 돌하루방이 우상이고, 자식이 대학입시에 합격하길 비는 부모는 팔공산 갓바위

부처가 우상이고, 질병에서 놓임 받고 싶은 사람에게는 명의가 우상이 되는 것이며, 돈이 없는 사람에게는 로또가 우상이 되는 것이다.

나의 문제를 해결해 주고 삶을 보장해 준다고 믿고 싶은 모든 대상이 우상이 된다. 그렇기 때문에 사람은 하나님의 피조물인 해도, 달도, 강도, 바다도, 산도, 기이한 돌과 나무도, 그리고 신령한 사람도 모두 우상으로 섬길 수 있는 것이다. 그리고 결국엔 내가 원하는 것을 해 줄 강력하고 거대한 집단으로 종교가 등장하는 것이다.

그러므로 바알을 숭배한다는 것은 바알 자체가 좋아서 숭배하는 것이 아니다. 바알로 상징되는, 내가 원하는 것을 해줄 것 같은, 나의 기복을 만족시켜 줄 것 같은 존재를 신으로 받아들이고 무릎을 꿇고 경배하고 섬기는 모든 신앙 체계가 바알신앙 체계라고 할 수 있다.

그러므로 오늘날 만약 신사도 운동 집회에서 가서 나의 기복을 만족시키려 한다면, 신사도 운동 집회가 나에게 바알이 되는 것이다. 번영신학이 나의 기복을 만족시켜 줄 것 같아서 번영신학의 가르침대로 행하는 것이 바로 바알신앙을 하는 것이다. 왕의 재정이나 부의 이동 집회나 강의를 듣고 물질을 가지려고 하는 것 역시 바알신앙이라고 할 수 있으며, 4차원에서 손 내밀어 줄 하나님을 기대하며 날마다 생각하고 상상하고 바라보고 꿈을 꾸면서 내가 원하는 것이 이루어지길 소망한다면 4차원 영성이 바알신앙이 되는 것이다.

따라서 하나님이 주신 것에 자족하지 못하고 그 이상의 것을 탐하는 나의 내면의 기복이 외형적으로 나타난 신앙이 바로 바알신앙이라고 정의할 수 있다. 나의 기복을 만족시켜 줄 우상을 찾아 절하는 신앙 체계가 바알신앙 체계라고 정의할 수 있는 것이다.

그러나 핵심은 바알도, 우상도, 사실은 나의 내면의 기복의 모습이 외형적으로 나타난 것이라는 것이다.

따라서 우상은 나의 기복의 형상이고 나의 기복을 섬기는 신앙 체계가 바알신앙이라고 할 수 있다. 바알에게 무릎을 꿇은 다는 것은 나의 기복을 우상으로 만들어 신으로 섬긴다는 뜻이다. 그래서 바알에게 무릎을 꿇지 않은 칠천은 결국 자기의 기복에 무릎을 꿇지 않고 온전히 하나님을 좇은 자들을 말하는 것이다.

신명기계 학자들이 이스라엘 민족의 진정한 축복과 번영이란 이 세상의 번영과 부와 재물과 형통이 아니라, 하나님의 우리를 선택하시고 하나님의 백성으로 부르시고 하나님의 백성답게 살도록 인도하시는 모든 삶의 여정이라고 하였다.

이것은 마치 밭에 감추인 보화를 찾은 농부가 자기의 모든 것을 팔아 그 밭을 산 것과 같은 것이다. 하나님을 아는 지식을 가진 자는 이 세상의 모든 금과 은 그리고 인간의 세속적 형통과는 비길 수 없는 축복과 은총을 소유한 자라고 하는 것과 같다.

하나님을 좇는 신앙을 할 것인가.

나의 기복을 우상으로 섬기며, 내 안에 바알이 되어 버린 나의 기복의 신을 섬길 것인가.

기복에 무릎을 꿇는 자가 되어야 할까.

기복에 무릎을 꿇지 않은 칠천이 되어야 할까.

선택은 각자의 몫일 것이다.